河南省 2021 年度哲学社会科学规划项目"传播学视阈下当代大学生红色基因传承效果研究"（项目编号 2021BXW001) 研究成果

河南省 2022 年度科技计划软科学项目"新媒体视阈下中原区域黄河文化传播研究"（项目编号：222400410564）研究成果

2024 年度安阳工学院校级创新团队"安阳历史文化与红旗渠精神谱系的影视化传播研究创新团队"（创新团队编号 CXTD202408）成果

安阳工学院 2023 年度校科研培育基金"新媒体视阈下安阳城市文化传播研究"阶段性研究成果

新时代安阳城市文旅品牌构建研究

余 锐 著

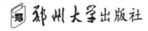
郑州大学出版社

图书在版编目（CIP）数据

新时代安阳城市文旅品牌构建研究／余锐著.

郑州：郑州大学出版社，2024.6. -- ISBN 978-7-5773-0426-7

I. G127.613

中国国家版本馆 CIP 数据核字第 2024ZT4818 号

新时代安阳城市文旅品牌构建研究

XINSHIDAI ANYANG CHENGSHI WENLÜ PINPAI GOUJIAN YANJIU

策划编辑	刘 开	封面设计	苏永生
责任编辑	郜 静	版式设计	苏永生
责任校对	樊建伟	责任监制	李瑞卿

出版发行	郑州大学出版社	地　　址	郑州市大学路 40 号（450052）
出 版 人	孙保营	网　　址	http://www.zzup.cn
经　　销	全国新华书店	发行电话	0371-66966070
印　　刷	郑州宁昌印务有限公司		
开　　本	710 mm×1 010 mm　1／16		
印　　张	10	字　　数	156 千字
版　　次	2024 年 6 月第 1 版	印　　次	2024 年 6 月第 1 次印刷

书　　号	ISBN 978-7-5773-0426-7	定　　价	48.00 元

本书如有印装质量问题,请与本社联系调换。

自　序

2016 年 7 月 1 日,习近平总书记在庆祝中国共产党成立 95 周年大会上提出的中国特色社会主义道路自信、理论自信、制度自信、文化自信,是对党的十八大提出的中国特色社会主义"三个自信"(道路自信、理论自信、制度自信)的创造性拓展和完善。文化是国家、民族的根脉与灵魂,文化自信是实现中华民族伟大复兴的强大精神力量。

文旅文创融合是促进文化传承、文化产品创新、文化产业发展的重要手段,是提升旅游的文化品位,吸引、促进文化和旅游协同高质量发展的重要途径,是旅游经济发展的新趋势,也是新的经济增长点。当今世界正处于百年未有之大变局,在这一新的阶段,文旅不但要实现融合,而且还要深度融合。

进入新时代,越来越多的省市区域开始依托、挖掘自身的文化资源优势,凝练文化内涵,推进文旅文创融合,构建文旅品牌矩阵,促进经济高质量发展。

2009 年,文化部和国家旅游局发布的《关于促进文化与旅游结合发展的指导意见》,提出推进文化与旅游结合发展、协调发展,指出"文化是旅游的灵魂,旅游是文化的重要载体"。随着文化产业与旅游产业的不断升温,国家对文化和旅游融合发展提出了新要求,做出了新部署。2017 年,中共中央办公厅、国务院办公厅印发的《国家"十三五"时期文化发展改革规划纲要》提出"发展文化旅游,扩大休闲娱乐消费"。2018 年,国家文化和旅游管理部门机构合二为一,调整成立文化和旅游部,文旅融合跨入新的历史阶段。2020 年 11 月 3 日公布的《中共中央关于制定国民经济和社会发展第十四个五年规划和二〇三五年远景目标的建议》,明确提出了"繁荣发展文化事业和文化产业,推动文化和旅游融合发展"。2021 年,文化和旅游部编制并印发了《"十四五"文化和旅游发展规划》。党的二十大提出,推进文化自信自强,坚持以文塑旅、以旅彰文，推进文化和旅游深度融合发展。

2021年10月，河南省第十一次党代会提出实施"十大战略"，其中"文旅文创融合战略"要求围绕打造中华文化传承创新中心、世界文化旅游胜地两大目标，从坚定文化自信、坚持以文化人的高度，推动河南厚重的历史文化资源优势转化为发展优势，将文旅文创培育成为战略性支柱产业。2022年2月，河南省文化和旅游工作会议明确提出，塑造"行走河南·读懂中国"品牌体系。2023年11月，河南省委、省政府印发《关于支持安阳以红旗渠精神为引领建设现代化区域中心强市的意见》（以下简称《意见》），明确提出，支持安阳打造"一高地、一区、三中心"，即打造红旗渠精神高地、跨区域协同发展引领区、区域先进制造业中心、区域文旅融合发展中心、区域交通物流中心。《意见》提出，要实施文旅文创融合战略，高位谋划特色鲜明的全链条文旅文创业态，充分挖掘红旗渠、殷墟、甲骨文等文化底蕴，擦亮红色文化名片，培育特色文旅品牌，建设中国研学旅游目的地标杆城市、国际旅游目的地，打造展示中华文明的重要"窗口城市"。

习近平总书记在安阳考察时指出，"殷墟出土的甲骨文为我们保存3000年前的文字，把中国信史向上推进了约1000年""中国的汉文字非常了不起，中华民族的形成和发展离不开汉文字的维系"。习近平总书记考察安阳红旗渠时强调，"红旗渠精神同延安精神是一脉相承的，是中华民族不可磨灭的历史记忆，永远震撼人心""年轻一代要继承和发扬吃苦耐劳、自力更生、艰苦奋斗的精神，摒弃骄娇二气，像我们的父辈一样把青春热血镌刻在历史的丰碑上"。

近年来，安阳市委市政府深入贯彻习近平总书记视察河南、视察安阳重要讲话和文化传承发展座谈会重要讲话精神以及关于文化旅游高质量发展的重要论述，全面贯彻落实省委、省政府实现"两个确保"，实施"十大战略"重大决策部署，大力发展文化旅游千亿级主导产业，持续擦亮"殷墟甲骨文"中华文化新地标，在打造城市文旅品牌矩阵，建设特色鲜明的国际旅游目的地城市等方面，进行了积极的探索与实践。

著　者

2024年1月于安阳

目　录

第一章 | 文化旅游概念及文旅品牌建设

第一节 文化旅游相关概念

一、文化旅游概念

文化旅游这一合成词因"文化"和"旅游"概念的多样性而难以明确，国内外研究者的视角亦有所不同。目前国内学者多从文旅经营者的视角出发，认为文化旅游是旅游类型中的一种。从消费者的角度看，文化旅游则被定义为人们对异地或异质文化的认识和向往，表现为了满足自己参与文化的需求而离开自己常居的生活环境，去探寻异地或异质文化。西方学者也将研究主要目标锁定在消费者身上，美国学者罗伯特·麦金托什（Robert Mclntosh）在 1977 年最早提出了对文化旅游的构想，他认为旅行者可以通过文化旅游来理解异地的历史、生活方式以及思维方式，甚至可以说文化旅游覆盖了旅游的各种方面。后来还有许多研究者也从消费者的角度针对文化旅游提出新的观点，他们主张文化旅游的主体并非大众，而是那些热衷于文化体验的特定群体，这些人往往好奇心强、怀旧情绪浓厚。此外，国际社会也对文化旅游进行了界定。根据联合国旅游组织发表的观点来看，狭义的文化旅游聚焦于满足人们基本的文化需求，包括民俗旅游、古迹旅游、节庆旅游、朝圣旅游、文化事件旅游等；广义的文化旅游被定义为旨在满足个体的各种需求的一系列活动，包括开阔眼界、提高学识、改变生活环境等方面。在当前学术研究中，文化旅游往往被单一地定义为一种活动、产品或行为。

综合考量文化旅游的各种概念与定义,文化旅游应该包含旅游消费者的文化需求、文化旅游产品、社会组织的管理与服务三个方面。旅游消费者在其中起着至关重要的作用,他们的文化需求是不可或缺的条件。政府组织及旅游经营者的开发管理是塑造整个旅游体验的关键,他们的策略性决策和管理水平,直接影响着文化旅游产品的品质和旅游者的满意度。文化旅游产品在最终呈现给游客的过程中,扮演着关键的角色,它们不仅是连接旅游者与文化体验的桥梁,更是塑造整个旅程印象的主要元素。概括而言,文化旅游是一个复杂而综合的体系,其中涵盖了旅游者的期望与需求、经营者的有效管理决策,以及多样化的文化旅游产品。

二、文旅融合概念

"文化旅游融合",即文旅融合,被理解为"文化产业"与"旅游产业"之间的相互渗透和互补发展的阶段,也被视为"文化"与"旅游"在某一发展阶段必然会发生的演变趋势。现行的学术理论主要从产业经济学的角度解释文旅融合,认为"文化与旅游融合是指文化、旅游产业及相关要素之间相互渗透、交叉汇合或整合重组,逐步突破原有的产业边界或要素领域,彼此交融而形成新的共生体的现象与过程"。近些年,在经济繁荣、政策扶持的大背景下,文旅企业不断打破技术瓶颈,组织进行大规模生产,与商业、农业、体育业等多项产业进行融合发展,形成"文旅+"发展格局,成为对国家经济发展有重要影响的支柱产业。

就目前与"文旅融合"的相关文献、文件来看,尚未达成对其概念统一表述的共识。业内关于"文旅融合"的观点普遍认为"文化是旅游的灵魂,旅游是文化的重要载体",而要实现这种观念,就必须做到"理念融合、职能融合、资源融合、产业融合、科技融合"。本书在对文旅融合的界定进行总结概括后,认为文旅融合的核心是以旅游业的经济性和整合性为支点,巧妙地将地区文化元素融汇其中,达到促进产业升级、全面推动地区发展的系统性过程。

三、文化旅游与文旅融合关系

通过对文化旅游和文旅融合的研究发现,两者的研究方向有所不同,文旅融合的概念一般有着较为深入的描绘,而文化旅游的概念则相对宽泛。两者之间也有着密不可分的联系,文化旅游不仅仅是一种旅行方式,更是构筑文旅融合的基石,它为文旅融合提供了必要的元素,使得文旅融合成为不可忽视的文化旅游发展趋势。这一趋势涵盖了多个领域,包括文化、经济、社会等,形成了一个全面而复杂的旅游体验体系,将成为未来文旅发展的主导力量。文旅融合是在经济学和管理学的框架下,通过产业视角来重新解读文化和旅游的内在特质。这意味着我们应该从更宏观、战略的层面来理解文旅融合,将其视作一种深度整合,甚至牵涉广泛的产业发展和管理思维。随着旅游行业不断演进,目标地区的文化和旅游领域经历了显著的供需增长,逐渐形成了一个庞大而蓬勃的文旅产业。这样的发展促使旅游目标地区在资源、产品、服务、基础设施以及管理体系等多个方面进行更为深刻的整合和全方位的发展。因此,文旅融合不仅仅是旅游行业发展到某个特定阶段的必然产物,更是在市场经济推动下,大规模生产和资源整合的明显趋势。这一趋势影响着地区内经济、政策、社会、文化等多个方面深度整合和协同发展。反过来看,文旅融合为整个旅游产业注入新的生机与创意动力,提升了文化旅游的体验层次。

四、文化旅游、文旅融合与文旅品牌建设关系

从狭义上讲,文化旅游指具有文化需要的消费者参加的旅游活动,文化与旅游相结合的趋势也正顺应了当今市场需求。当文化旅游市场的竞争日益激烈时,提升文化旅游的品牌形象变得非常重要,无论是对于增进其产品的附加价值和竞争优势,还是对整个行业的生产和服务水平的提高都具有积极意义。从广义的定义来看,文化旅游实际上就是将对“文明”的理解拓宽到“文化”的范畴,将旅游视为一个完整的体系,并将之视为体现文化的一种方式。在这个角度下,旅游已经转变为一种衍生的文化形式和传递文化的媒介与手段。因此,只有当旅游产品持续展示更深入、更独特的文化内涵时,消费者才会真正接纳并予以认可。在文化旅游品牌中引入标志性的文化符号,旨在让消费者在接触和体验文化的过程中快速建立对文化旅游产品的感知,从而在他们的心智中形塑和保留记忆,为未来的行为选择提供有价值的经验。这不仅仅是营造品牌形象,更

是在消费者心中留下深刻而持久的文化烙印,引导其形成对品牌的积极态度和忠诚情感。

　　文旅融合是以旅游行业的综合性与经济性为出发点的。首先,消费者对文化的需求为文旅融合提供了最初的市场基础。随后,企业不断增加对产品的研发投入,并将其推向更高层次的整合阶段。这不仅仅是产业经济学的一种观念,更是消费者文化需求与企业创新推动的共同结果。随着竞争对手的逐渐壮大,政府组织对相关的政策与体系进行改革调整,甚至通过职责重组、合并等方式实现政策的融合,最终推动行业中各要素的深度融合。这不仅为培育新兴的文化旅游产业创造了有利环境,也为塑造文化旅游品牌提供了优越条件。此外,品牌化经营有助于推动旅游业的健康竞争,提升整个行业的生产与服务水平,同时激发地区其他相关产业的增长,最终实现区域经济的全面、可持续发展。这一过程不仅仅是文化旅游的兴起,更是一个品牌经济和地区产业协同发展的积极模式。

　　综合来看,品牌化建设在消费者和区域旅游业经营者两方面都具有不可或缺的影响力,成为旅游市场发展的必然趋势。通过构建文化旅游品牌,能够整合和开发本地的文化旅游产品和路径,满足消费者更深层次的文化旅行需求。这不仅加深了消费者对品牌的赞赏与信赖,也为品牌运营者带来更大的收益。更重要的是,品牌化建设甚至有望推动本地资源的最大化运用,实现社会效益和经济效益的双赢。这不仅是品牌发展的动力源,也是文化旅游与地区经济共同繁荣的有力保障。

第二节　文旅品牌建设的实施环节

　　和其他类型的品牌构建一样,文化旅游品牌的形成是一个持续演变的过程,需要经历多个环节。目前,学术界已经在品牌构建的管理方面展开了广泛的研究,主要包括品牌定位、品牌设计、品牌营销、品牌管理等四个方面。这些方面的深入探讨都为文化旅游品牌的成功建设提供了理论支持和实践指导。在《旅游景区品牌管理模型研究》中,朱强华与张振超详细解析了旅游品牌的建设概念,以增强景区竞争力为目的,以旅游景区品牌资产为核心,通过品牌定位、品牌设计、品牌传播、品牌保护、品牌延伸和品牌创新这六位一体的管理体系建立起相对于其他景区的竞争优势。[①] 厉建梅在《文旅融合下文化遗产与旅游品牌建设研究——以山东天上王城为个案》中也对旅游品牌的创立过程进行了详细阐释,包含了品牌定位、品牌设计与开发、品牌营销与传播,以及品牌监管与保养等主要环节。[②] 通过查阅文献与实地调研,我们认为文化旅游品牌建设应该包括品牌定位、品牌形象塑造、品牌营销传播、品牌经营管理四个主要环节。这四个主要环节各自展示独特特征,构建了相互独立且有机连接的正向发展流程。在这些不同的环节之间,涉及整合营销、重新配置和设计等相互交织、相辅相成的复杂过程。

文旅品牌建设研究本质上是一项多方面综合的工程,覆盖经济、文化和社会等多个层面,其中每个方面都涉及很多关键因素。从这个角度看,文化旅游品牌建设是一项复杂且具有系统性特征的任务。

一、文旅品牌定位

品牌建设的第一步就是确定品牌定位,之后的品牌设计和品牌推广活动都要以此为中心展开。品牌定位也就是在已选中的目标市场中寻找自身的位置,并在消费者的心中树立特定形象。简而言之,品牌定位的核心目标在于在市场中为品牌打造一个清晰、醒目、与竞争对手独具差异,同时符合消费者心理需求的形象。对于文化旅游品牌的定位,我们需要深入研究文化旅游市场,详细解读目的地的文化资源,并了解游客的消费需求。基于这些信息,设定出具有差异化的品牌形象,以此确定目标市场,并在市场中建立起独特的地位。

不论是品质还是信誉,对于文旅品牌的建设都有着十分重要的影响。文旅品牌的建设最终作用于市场,市场供需关系反映文旅品牌建设的成效性。市场是品牌追求的终极目标,而在这个追求过程中,成功的关键在

---

① 朱强华、张振超:《旅游景区品牌管理模型研究》,《桂林旅游高等专科学校学报》,2004 年第 6 期,第 27-31 页。

② 厉建梅:《文旅融合下文化遗产与旅游品牌建设研究——以山东天上王城为个案》,山东大学博士学位论文,2017 年。

于展现独特性。构建文化旅游品牌的首要任务是巧妙而灵活地进行品牌定位。在文化旅游品牌建设中,突显城市核心文化、展现城市独特形象的能力被视为关键步骤,具体包括挖掘城市独有的历史、传统和价值观,将其巧妙融入品牌建设中。通过精心设计的宣传材料、活动策划和数字媒体展示,引发游客和受众共鸣。这种能力不仅是品牌建设的基石,也是推动旅游业发展的重要动力。

在当今的市场经济体系中,消费者通常以品牌识别和比较具有相似功能的多种产品作为决策购买的依据。为了吸引目标受众,品牌必须根植于消费者的心理需求,构建一个独到的产品理念,以此来捕获他们的关注并引发情感上的共鸣。品牌的核心要素包括独特的产品名称和象征性的标志。通过精心策划的一系列市场营销活动,品牌在目标消费者心中塑造了对产品质量和服务水平的深刻认知,从而在潜移默化中影响着他们的购物选择。

在文化旅游品牌构建的过程中,准确的品牌定位是基础和核心。品牌成功与否,直接受定位准确性的影响。个性化的品牌定位有助于深入了解目标受众的情感和心理。定位的准确性,直接影响目标受众对于文化旅游产品的认知。定位不准确或同质化,有可能导致建立品牌耗资巨大但效果有限,以及文化旅游产品缺少吸引力和良好的声誉。这些问题可能对未来的文化旅游品牌建设产生不良影响。建立文化旅游品牌需要大量时间和精力,且成功不是必然的。因此,在确定品牌定位前,必须深入分析市场环境、目标客户群体和潜在竞争者,以便制定准确、全面的品牌战略。品牌作为一种独特的无形资源和能力,其核心价值应当是清晰、明确的,能够与消费者产生情感上的共鸣。

二、文旅品牌形象塑造

品牌形象塑造是将品牌的核心价值通过多种形式展现在消费者面前,使消费者完成对品牌的初步认识。[①] 当我们打造以价值为核心的品

---

① 魏立艳、刘潆檑:《文旅融合背景下文旅企业品牌建构探究》,《文化产业》,2020年第14期,第4-7页。

牌形象时,基础标识和延伸标识扮演了至关重要的角色。它们不仅将品牌的核心价值转化为具体的视觉表现,而且还为品牌的发展奠定了坚实的基础。通过这种创造性的视觉呈现,品牌能够更加自然地进入下一个重要阶段——品牌传播和市场营销。通过有效的传播策略和市场行动,品牌的核心价值得以进一步加强和扩散,从而提升品牌影响力和市场竞争力。

(一)整体性

由于文旅产品资源通常具有一个地区的整体性特色,所以,要提升文旅品牌的核心竞争力,必须从文旅品牌的整体形象塑造入手。[①] 从这个角度来说,必须基于"整体性"这一特质,从保护、传承和利用等多个方面进行考虑。具体来说,保护措施应确保这些文化和旅游资源得以保存,不受过度商业化或环境破坏的影响。传承方面,我们应重视保持和弘扬地区内的文化特色,确保其原始魅力得以延续。在利用这些资源时,应寻求一种平衡,既能带来经济效益,又不损害其文化价值和环境可持续性。通过这样全面的方法,我们可以确保文旅资源的长期健康发展。提升文化旅游品牌的整体形象至关重要,这对于品牌的统一推广影响深远。文化和旅游资源各自独立进行市场推广,虽然可能带来一定的短期效果,但从长期来看,这种分散的策略会导致更高的营销成本和效率的降低。此外,这种方法还可能削弱地区文化的独特魅力和历史深度,因为文化的真正价值在于其整体性和连贯性。而在本质上,一个城市的各类文旅要素资源都有着相同的文明根基和历史依据,整合成统一的品牌形象进行对外输出,也能使地区的文旅要素更加集中,给文旅产业的发展带来更好的促进和推动。[②] 因此,综合推广文旅品牌,以塑造一个统一而富有吸引力的文化形象,是确保文化传承和旅游发展可持续性的关键。

---

① 王艳红、秦宗财:《文化带传统文旅品牌的形象塑造与国际传播》,《安徽师范大学学报(人文社会科学版)》,2020年第2期,第107-114页。

② 孙琼:《差异化:民族地区文化旅游品牌形象构建的基本策略——以内蒙古为例》,《贵州民族研究》,2019年第1期,第35-38页。

（二）差异性

在打造文化旅游品牌形象的过程中，强调其独特的差异性至关重要。这种差异化不仅基于文旅资源的实际差异，比如各具特色的历史背景、独一无二的地理特征以及丰富多彩的民间文化，还应包括该地区独有的艺术表现形式和历史故事。这些独特元素，一方面能够提高品牌在市场中的辨识性，使其在众多品牌中脱颖而出，另一方面也有助于突出地区的特色优势。对于拥有丰富多元文旅资源的地区来说，差异化的品牌塑造不仅需要对现有资源进行深入的挖掘和优化，还要寻找那些能够真正代表该地区精神和特色的元素，并将它们转化为品牌形象的核心内容。这样的方法不仅有助于构建统一而引人入胜的品牌故事，还能够激发游客的好奇心和探索欲，进而形成对该地区文旅产品的深入了解和持续关注，从而促进文旅产业的长期健康发展。

（三）公众性

公众性，或者说是品牌的普遍认可度，对文化旅游品牌至关重要。一个文旅品牌的成功在很大程度上取决于它是否能够赢得广泛的公众认同。缺乏这种认同感的品牌很难具备价值，更难以产生预期的正面效应。因此，在构建文旅品牌的过程中，应当基于实际情况，避免内容空泛和浮夸。同时，组织各种贴近民众的文化活动，让公众通过亲身参与来增加对品牌的兴趣和了解，从而实现"雅俗共赏"的灵活推广效果。这样的做法不仅能够提升品牌的接受度，还能够在不同层次的观众中产生共鸣，进一步巩固品牌的市场地位。

（四）实用性

实用性在文化旅游品牌的构建中意味着品牌所带来的经济效益和价值提升。在这个过程中，产业本身成为品牌建设的核心基石。通过丰富文化产品的开发与建设，增强旅游地的吸引力，文化旅游品牌不仅提升了地区的经济潜力，而且形成了显著的品牌价值增值效应，从而加速了文旅产业的整体成长。以洛杉矶"世界影都"品牌为例，该品牌的发展超越了最初的电影制作，扩展到了演艺、特技制作和休闲旅游等多个领域，这不仅推动了当地经济的多元化，还促进了产业集群的壮大。文旅品牌与文旅产业的关系是互动和互补的。在品牌建设的每一步中,不仅要依托现有的文旅产业资源,而且要深入考量品牌对于产业升级、产业链拓展甚至新产业孵化的潜在影响。这意味着品牌建设不仅是对现有文化资源的一种包装和推广,更是对地区文旅产业发展方向的深思和规划。因此,在发挥文旅品牌的实用性方面,需要采取一种全面且具有前瞻性的策略,不仅关注当前的经济效益,也要着眼于长远的产业生态构建和文化遗产的持续传承。通过这样的策略,文旅品牌将成为推动地区经济和文化繁荣的重要引擎。

三、文旅品牌营销传播

品牌建设的过程中,多元化的传播途径是至关重要的。从传统的报纸、广播、电视等媒介平台发展到以网络为主的新媒体平台,再到各种节日、展览、演出等线下营销活动,通过持续整合这些资源,能够将品牌信息最大程度地传达给更广泛的消费者群体。成功的市场营销手段不仅能提升品牌的知名度与影响力,还能加强消费者对品牌的认同感与忠诚度,进而提高品牌的竞争力与附加价值。文化旅游品牌在文化美学与市场细分的基础上,必须保持其稳定性、持久性和可操作性。如何全面、准确、有效地传达出品牌的信息,是目前亟须研究与讨论的重要话题。

(一)传播主体

在文旅品牌的传播与推广中,传播主体的角色复杂且多元,既包括策略制定者,也涉及执行推广活动的核心力量。这一传播过程不仅仅是政府、企业和个人的联合行动,更是一个多维互动的过程。文旅产品由于其独特的消费属性,即在使用和体验过程中具有共享和传播的特性,使文旅品牌具备了类似公共物品的性质。这一性质意味着文旅品牌对于任何单一传播主体来说,其直接的经济效益可能并不立即显现,甚至需要经过一段时间的积累和市场反响才能体现其价值。

由于这一特点,文旅品牌的推广对于市场主体来说可能不那么具有吸引力,因为立即的经济回报并不明显。这就需要以一个宏观的视角和长远的策略来引导文旅品牌的传播。政府作为主导方,不仅能提供必要的资源和政策支持,还能协调不同市场主体的利益和资源,确保文旅品牌的传播更为广泛和深入。政府的引导和支持对于激发市场主体参与文旅品牌推广,特别是在资源整合、品牌宣传以及市场开拓方面,具有重要的推动作用。通过这种方式,可以更有效地利用政府资源,促进文旅品牌的健康成长,同时也为个人和企业提供更多参与和贡献的机会。

(二)传播的影响要素

文旅品牌的传播受到文旅产品感召力、文旅产业支撑力、信息推动力、政府执行力、社会和谐力等多个方面的影响。

产品感召力不仅体现在一个地区文化资源的丰富度和历史的深厚度上,还反映了该地区对多元文化的包容性和开放性。在现代社会中,一个地区的文化产品深度和广度以及质量,通常可以通过该地区文化旅游基础设施及其提供的公共服务来观察得知。

产业支撑力则涉及文旅产业在地区经济中的地位和其对经济增长的贡献。文旅产业与文旅品牌相互促进、相辅相成,一个地区的文旅产业发展壮大,将推动文旅品牌的扩展,而一个成功的文旅品牌,反过来也能促进文旅产业的进一步发展和繁荣。

信息推动力是文旅品牌传播能达到的高度的决定因素。在当今社会信息快速增长的环境下,文旅品牌建设需要有效地收集和利用行业信息,及时把握文旅行业的发展趋势。同时,利用新媒体的灵活性,扩大品牌的影响力,拓展传播范围。

政府执行力反映了地区政府管理和服务的水平,特别是在应对挑战和危机时的能力,以及在制定长期规划时的战略视野。在文旅品牌建设中,政府的执行力扮演着至关重要的角色。

社会和谐力则体现在人与社会、自然的相互关系中。在一个和谐的社会环境中,人与人之间、人与自然之间、人与社会之间的相互包容和共生,是文旅品牌持续传播的基础。

(三)传播路径

文旅品牌的传播一般可以通过广告、区域联合、网络营销等方式,这与市场化企业品牌的推广渠道类似,而根据文旅产业自身独有的特点,文旅品牌的传播路径还可以从节会活动、重要事件等方向出发。①

节会活动作为一种特殊的传播手段,不仅包括全民共庆的传统节日如春节、端午节等,这些节日反映了中华民族丰富的历史文化和风俗习惯,还包括那些具有浓厚地方特色的活动,如基于特定产业或文化特色定期举办的各类文化艺术节。这些活动不仅增强了公众对文旅品牌的关注度,而且为地方特色文化的展现提供了平台。地方性节日的组织者需要深入挖掘当地文化和产业优势,通过精心策划和宣传,使节会活动成为文旅品牌传播的重要渠道。

重要事件在文旅品牌的传播中扮演着举足轻重的角色。这类事件通常是地区性的重大盛事,如国际会议、文化展览等,它们在举办频次上相对更低,需要更高水平的策划、组织和宣传能力。这些重要事件对于提升文旅品牌的影响力和公众体验具有显著作用。而地方性节会活动则通过规律性、周期性的举办,逐步扩大品牌的影响力,具有长期稳定传播和文化传承的优势。通过这种多元化的传播策略,文旅品牌能够更全面地触及目标受众,实现深入人心的品牌建设。

四、文旅品牌经营管理

品牌战略专家戴维·阿克(David A. Aaker)指出,经营品牌涵盖了五个层面,即品牌组合、品牌架构、品牌角色、品牌设计以及品牌营销。品牌经营与管理在整个品牌演进的舞台上扮演着至关重要的引导者角色,其首要目标是激发品牌的知名度和受欢迎度,同时培养消费者的忠诚度,提升业务表现力,从而巧妙达成增加品牌财富的战略目标。文化旅游品牌的影响面涵盖了多个行业和区域内的利益相关者,包括政府、旅游景点、企业、社区、居民以及游客等。因此,对于文化旅游品牌的经营和管理而言,其复杂性不言而喻。除了需要处理产品质量、旅游设施服务、游客反馈、品牌延伸等与旅游品牌管理相关的问题外,还涉及社区参与、政府管理、企业发展等多个支撑系统。这都体现了文化旅游品牌经营管理的全

---

① 李秀文:《文旅融合背景下恩施土家女儿城旅游品牌传播研究》,湖北民族大学硕士学位论文,2020 年。

面性和多层次性。为了迎合消费者对文化审美体验的渴求,文化旅游品牌的构建必须更加注重激发消费者的情感体验和对文化的认同感。通过加强消费者与品牌之间的情感纽带和文化沟通,促使品牌在消费者心中建立深刻的情感联系和文化共鸣,从而提升文化旅游品牌的溢价能力。这不仅仅是提高品牌知名度与美誉度,更是塑造品牌与消费者之间深刻而持久的情感纽带,为品牌在市场中取得更大的认同度和竞争优势。

文化旅游品牌确立之后,其管理和维护需要持续进行。品牌的长期推广和维护对于保持其影响力和价值至关重要。若品牌缺乏恰当的持续管理,不仅先前投入的资源和努力可能付诸东流,而且可能对当地的文化旅游产业造成不利影响。当文旅品牌获得公众认同后,它能够显著提升地区文化的吸引力和精神价值,进而增强品牌本身的价值。一些城市能级较高的地区,其文旅品牌影响甚至能辐射至周围外部区域,凝聚出一个独一无二的文旅"朋友圈"。因此,对文旅品牌进行科学管理,确保其长期的活力和影响力,是实现品牌成功和区域文旅产业共荣发展的关键。

文化旅游产品在产权归属上往往涉及复杂的管理体系,如景区通常牵涉多个管理机构,易在运行中产生误差。在文旅产业的发展过程中,由于行政隔阂和地方保护主义等因素,文旅品牌间的合作往往进展缓慢。为此,政府及相关部门应发挥领导和协调作用,采取有效措施,实施系统的管理策略,以促进文旅品牌的健康发展。通过这种科学的管理方法,可以有效避免运营误差,提高文旅产品的整体质量,并加快文旅品牌合作的发展步伐。

当前,文化旅游品牌的对外推广主要由政府主导,但在这一体系内部,许多人员并不精通文化旅游的市场营销。因此,对于文旅品牌的有效管理和推广,迫切需要培养一批具备深厚本土文化理解、国际视野以及对文旅品牌动态高度敏感的复合型人才。这些人才将对文旅品牌的战略制定和执行起到关键作用,不仅能深入挖掘和展现本土文化的独特魅力,还能以国际化的思维和手段有效推广,确保品牌信息准确传达给目标受众。通过这样的专业人才队伍建设,文旅品牌的管理和推广将更加科学、高效,从而为文化旅游产业的持续发展提供坚实的人才支撑和智力保障。

第二章 | 文旅品牌建设与政府职能

第一节 文旅品牌建设

一、文旅品牌建设内涵

品牌是吸引消费者建立起品牌忠诚度,最终创造市场优势地位的商业概念。除此以外,品牌也是一种市场工具,可以用来和相似产品做出区分,不仅能使消费者更易识别出该品牌产品,还能获取消费者的偏好信息。而从品牌概念延伸出的文旅品牌,则是在文化的基础上,以旅游产品的品质、特征、名称、标志、个性和市场影响力为主的综合概念。文旅品牌竞争力的特别之处,在于它所依托的文化产品和体验。

将一个普通的产品形象,塑造、强化为一个更具市场竞争力的品牌形象,其实就是品牌建设的过程。而将某些知名度较低、市场竞争力较弱、影响范围较小的文旅产品或景区、景点,通过某些方法和途径强化其市场竞争力,实际就是文旅品牌建设的内涵。文旅品牌建设,甚至可以使某一地区、地域在国际市场上声名远扬。

品牌这一商业概念被旅游产业领域瞩目始于 20 世纪 90 年代末。旅游产业管理者与从业者纷纷将视线聚焦于"文旅品牌如何应对竞争日益激烈的市场环境"这一现实课题,并寻找应对之法。就全球范围而言,文旅品牌建设采取的措施及发展策略,都是聚焦于品牌定位、品牌设计、品牌宣传推介、品牌管理几个方面。

二、文旅品牌建设主体

文旅品牌的建设涉及范围复杂且广泛,无法单独依靠一个主体完成。一般而言,文旅品牌建设主体应该重点关注两个方面:一是围绕文化旅游资源管理、文化旅游产业发展、文化旅游配套设施建设的"主"要素;二是以受众对文旅品牌的认知感受为主的"辅"要素。无论侧重点是什么,文旅品牌建设的最终落脚点,是以受众的感受为导向。受众提供的满意度、舒适度等信息,都是影响文旅品牌建设的重要因素。

在文旅品牌建设主体范围中,政府、市场、企业、民众都是重要的组成部分。市场经济的快速发展,影响着政府职能的逐步转变,体现在其规模、职能、权力和行为方式日益发生转变,意味着政府的角色发生转换,从"全能管理者"向"有限型政府"转变。除了政府,企业、民众也都不可避免地参与到文化旅游品牌建设之中。因此,文旅品牌建设主体可归纳为以下几种。

(一)政府

作为城市的主要管理者,政府发挥着非常重要的作用。城市文化资源的调控,旅游资源的总体规划,都由政府主导。具体而言,包括品牌定位、形象塑造、品牌传播、品牌管理等公共功能。政府对于文化旅游事业所实施的管理是确保品牌可持续发展的前提。

(二)企业

优秀的地方企业对于一个城市甚至一个地区来说,有着举足轻重的作用。一方面,企业可为所在地区提供一定的经济支持,比如税收收入等;另一方面,企业所塑造的正面品牌形象可为城市文旅品牌建设锦上添花。除此之外,各大商家在城市文旅品牌建设过程中也发挥着积极作用。总而言之,城市整体文旅品牌建设与个体企业、商家之间存在着密不可分的联系。

(三)受众群体

除了政府与企业外,文旅品牌的建设主体当中还存在着基数更为庞大的群体——当地民众、游客等。作为最直接感知文旅形象的群体,大众的行为往往影响着文化旅游品牌的走向。来自各地的游客是城市文化旅游品牌的消费者,他们在消费带动经济时,如果得到正向的消费体验,还可通过口口相传、社交互动等形式为城市做宣传,从消费者的角色转化为文旅品牌的推广者角色。因而推广和宣传在现代文旅建设中是起着重要作用的。

在文旅品牌建设的过程中,政府、企业、当地民众、消费者等都发挥着各自不同且不容忽视的作用。但最终起主导作用的仍然是政府,因为文旅品牌在一定程度上属于公共产品。属性上,地方政府具有经济管理职能。文旅品牌的公共属性对于更注重盈利的企业来说并没有激励作用,依靠个体企业很难推动高质量文化旅游品牌的形成。地方政府可以从宏观上更清晰地认识自己的区域优势,集中各种资源,统一规划和协调区域文化旅游品牌,引导企业合理分工、获取利益、形成良性循环,从而树立起可以代表城市形象的文旅品牌,并在激烈的市场竞争中占据一席之地。

三、文旅品牌建设的影响因素

(一)地域文化因素

从广义上讲,文化是人们在社会实践过程中物质财富和精神财富的总和。它承载着一个地域的人民特有的人文、历史、风俗等成果,并通过一定方式进行传播。地理学中的"地域"概念,指的是一定的自然和自然环境组成的,但更重要的是,它包含着经济、政治、文化等方面的人文本质。目前,学界公认的"地域文化"概念是指特定地区长期发展所产生的物质成果和精神成果的总和。

地域文化的特点包含了整体性、传承性、识别性、亲缘性、渗透性等,凸显了一个城市的独特特色,是一个城市文化旅游品牌建设的有力支撑。丰富的地域文化及不同的生长土壤孕育出了不同的城市文化,呈现出多种类型的城市风貌。文旅品牌的受众,不仅仅是外来旅游者,同时包括当地居民或外来定居者,因此文旅品牌建设必须注重当地民众的体验与感受。受众对文旅品牌的空间感受不仅包括城市整体的地域氛围,还包括在这个空间中感受到的生活和文化氛围。纵观文化旅游品牌建设表现突出的城市,都展示了自己独特的本土文化,给当地人带来了独特的人文感受,让外来定居者体会到当地的文化氛围和人文情怀。例如,北京作为中国的首都,以及明清时期的都城,拥有大量非物质文化遗产,包含京剧、京西太平鼓、景泰蓝工艺等。尤其是在多元融合的背景下,以北京话、京剧、京菜、胡同等为代表的北京文化,不仅得到了北京人的深刻认可,也成为北京文化的重要载体,让全国乃至世界了解北京、认识北京。

(二)环境资源因素

环境资源在文旅品牌建设过程中承载着重要意义,首先是重要的依托对象,其次是文旅项目开发醒目的标志。目前,一些以自然资源为主的特色城镇着力向上下游延伸产业链,并计划进军高端领域。在国家重视生态文明建设的背景下,文化旅游品牌建设需要从保护生态环境和文化体验出发,将生态环境资源与区域文化资源融合,注重生态环境的保护和可持续利用。这将提升游客的参观体验感,从而提高整体经济效益。例如,青岛即墨依托其得天独厚的海洋温泉资源,布局前海蓝色经济区海洋温泉康养文化旅游产业,打造海洋温泉康养文化旅游品牌。

(三)管理服务因素

文化旅游体验服务涉及旅游景区、基础设施、公共服务等多个方面,想为受众提供规范的服务,就需要建立科学的管理体系。文化旅游品牌的巩固必须建立在规范管理的基础上。将品牌作为切入点,以本土文化和旅游服务为核心,提供优质的文化输出和舒适的旅游服务;以成熟的品牌经营理念推动服务业规范运营和创新,不断提高服务质量和顾客满意度,是必须重视的环节。文化旅游品牌之间的竞争,某种程度上也是文化旅游产品和服务质量的竞争。除了政府、企业层面的整体统筹外,强调、重视服务意识应该成为每位从业者的共识。

第二节　政府在文旅品牌建设中的职能定位

在城市文旅品牌建设过程中,政府职能并不是单一进行的,其涵盖面十分广泛,包括文化、公共服务等方面。同时,政府还承担着各类公共活动的管理职责。政府承担的职能会随着区域经济发展水平、社会文化环境、产业基础等环境因素的变化而变化。从经济学的层面来看，文旅品牌建设是市场化运作的过程，其中文旅品牌被看作商品来运营。运营过程中，政府和市场哪方占据主导地位，是一个有待商榷的理论问题。本书认为，文化旅游产业的发展经营是经济基础，提供了强有力的经济支撑，固然应该成为文旅品牌建设的主导因素。市场经济条件下，经济分配依靠市场调配，但在文旅产业发展初期，条件较为特殊，只依靠市场力量难以形成系统、整体、可持续的良性发展。因此，有必要充分发挥政府的宏观调控职能。应将文旅品牌建设内嵌于政府的整体政策体系中，政府依据相应的市场化机制理论，做出科学决策。综上所述，政府职能的侧重点在整个文旅品牌建设过程中是不断变化的。

一、政府在文旅品牌定位上的引导职能

文旅品牌塑造的雏形阶段，尚未有成熟全面的经营策略，因此文旅品牌的创建是独立完成的，产业或企业没有过多干涉。特别是部分地区文化旅游品牌的萌芽，缺乏统筹协调，存在盲目性，因此，政府自然要占据主导地位。文化旅游品牌建设必须结合自身特点和优势，对品牌进行合理定位。地方政府作为地方治理和运行的主体，有能力整体把握文化旅游的发展战略和方向，因此，政府必须对文旅品牌定位进行引导和调控。在特定的市场环境下，政府可以根据市场特点和自身情况，细分当地优势资源，选择合适的定位，从而在受众心目中构建具有区域特色的文旅品牌集群。

从产业角度看，政府应加强对文化旅游产业发展的宏观指导。部分文旅品牌建设成绩突出的国家，市场发挥着主导作用。但各国国情不同，我国仍处于社会主义初级阶段，文化旅游产业发展的基础设施、配套设施和综合环境尚不完善，市场机制、法律法规还不够健全，文化旅游品牌建设需要政府引导。从实际出发，深入挖掘当地资源优势，结合经济发展水平制定文化旅游产业政策和发展规划，出台专项政策，确定发展的重点品牌和重点项目，帮助文旅产业稳健发展。采取多种政策大力推进区域文化旅游品牌建设，将文化旅游品牌建设纳入文化旅游产业发展中长期规

划。健全各类文化旅游产业发展的保障体系,确保各项政策措施与地方总体发展规划相一致,实现整个文化旅游产业的可持续发展。借助金融、信贷等手段,帮助中小文旅文创企业持续发展,帮扶有发展前景的文旅文创企业。地方政府应该通过以上一系列有针对性的举措,为文化旅游品牌建设奠定基础。

二、政府在文旅品牌塑造上的助推职能

品牌形象是品牌建设中最直观的部分。在明确文旅品牌定位后,需要赋予其一定的特色形象,并落实在相关产业发展的具体过程中。在文化旅游品牌建设中,文旅品牌塑造固然重要,但是文化旅游产品的形象塑造及文化旅游的推广过程并不等同于文旅品牌建设的全部。产业作为文化旅游品牌建设的第一载体,其作用不言而喻,政府应大力支持。首先,政府应充分发挥助推器作用,积极构建良好的合作竞争机制、利益调节机制、公平分配机制等,为文化旅游品牌创造健康的发展空间。其次,完善区域文化旅游产业生产要素,会同有关部门从宏观层面规划区域文旅品牌相关产业的发展,延伸产业链,整合产业集群,从数量和质量两方面拓展当地文化旅游消费市场,提升当地文旅消费品位,改善整体文旅消费环境水平。政府在文旅品牌塑造上的助推,将为当地文旅品牌形象塑造夯实基础,有利于充分发挥地方文旅产业的发展潜力。

三、政府在文旅品牌传播上的服务职能

作为复杂、全面的系统性工程,需要通过广泛的有效宣传来进行推广,才能实现文化旅游品牌的成熟建设。政府传播是宣传过程中的重要一环,且是区域性文旅品牌宣传的最大动力,而文旅品牌整体的传播平台也需要政府来维护。只有政府主导沟通,建立全媒体传播矩阵,受众才能更深刻地了解品牌建设的文化底蕴、构建理念和理想蓝图。这一举措可增强受众对相应品牌的熟悉与交流,最终成功塑造优秀的文旅品牌。

传播内容是传播过程的关键之处,传播内容包括政府对文旅品牌建设的整体系统的规划、展示。通过官方宣传,更能增强受众对文旅品牌的认可,使受众积极参与文旅品牌建设,形成得到公众支持和认可的文旅品

牌。在信息高速传播的时代,文旅品牌的内容传播依靠政府宏观层面的统筹协调,牵头整合资源,积极宣传文旅产品及品牌。地方政府主导文旅品牌传播,将全面高效提升文旅品牌形象,激发各主体的主观能动性、创造性,实现文旅产业主体之间的协调配合。

政府服务文旅品牌的传播,通过向品牌受众群体传达品牌定位、公共信息及相关政策法规,形成"政府引导、受众参与"的良性互动方式,从而促进文旅品牌建设全面发展。品牌的进一步发展,受众群体是传播体系中最直接的目标。政府必须通过多种方式在受众群体中进行有效推广,以获得认可。除此之外,受众群体的角色体现出强烈的复杂性,一方面是文旅品牌传播的主要对象和直接评价者,另一方面也是文化旅游品牌二次传播的传播者,因此地方政府在服务文旅品牌传播的过程中,必须高度重视受众主体的重要作用。

四、政府在文旅品牌经营管理上的监督职能

文旅品牌建设是一个复杂的综合工程,影响要素包含了具体环境、产业目标、资源竞争等。在文化旅游品牌建设后期,政府的主导作用相对弱化,其主要职能相应发生转变,需要把关注点聚焦于处理好与市场的关系。

在文化旅游品牌建设中后期,政府应在政策、法规等方面提供支持。首先,需要制定相关的法律法规监管保护遗产文物。其次,政府应维护市场规则,创造公平的市场秩序。故而政府需要加强市场监管,建立公平有序的文化旅游品牌市场;针对某些弊端,政府应通过颁布有针对性的法律、法规、政策等,防范恶性竞争和违法行为。通过一系列行为保障文化旅游市场健康发展,维护文化旅游品牌受众的合法权益和切身利益,加强文旅市场环境管理,建立和谐健康的良性生态系统。

第三章 安阳文化旅游资源

安阳位于河南省最北部,地处山西、河北、河南三省交汇处,西临长治,东接濮阳,北临邯郸,南接鹤壁、新乡,总面积 7413 平方千米,其中市区面积 1218 平方千米,中心城区面积 115 平方千米,下辖 1 个县级市(林州市)、4 个县(汤阴县、内黄县、滑县、安阳县)、4 个市辖区(北关区、文峰区、龙安区、殷都区),截至 2022 年年末,全市常住人口 541.7 万。

第一节 安阳文化旅游资源概述

安阳文化底蕴丰厚,历史悠久,是中国八大古都之一(商、曹魏、后赵、冉魏、前燕、东魏、北齐先后在此建都)、国家历史文化名城,是甲骨文的故乡、周易的发源地、红旗渠精神的发祥地,是世界文化遗产殷墟、曹操高陵、中国文字博物馆所在地,是中国优秀旅游城市、国家园林城市、中国书法名城。

安阳域内拥有世界文化遗产 2 处(殷墟、中国大运河滑县段)、国家级重点文物保护单位 26 处,河南省文物保护单位 80 处,各类博物馆、纪念馆 17 家;国家级非物质文化遗产项目 7 项,国家级传统村落 25 个,国家级重点风景名胜区 1 处(林虑山风景名胜区)、国家级森林公园 1 个(五龙洞国家森林公园)、国家湿地公园 3 个(汤阴汤河国家湿地公园、林州淇淅河国家湿地公园、安阳漳河峡谷国家湿地公园);国家 A 级景区 37 个,其中 AAAAA 级景区 2 个(殷墟、红旗渠·太行大峡谷),AAAA 级景区 7 个(羑里城、岳飞庙、万泉湖、马氏庄园、中华古板栗园、汤河国家湿地公园、道口古镇),AAA 级景区 21 个,AA 级景区 7 个。截至 2022 年,安阳拥有国家级文化产业示范基地 1 家(河南安绣文化产业有限公司)、国家文化出口重点企业 1 家[中航御铭(安阳)科技有限公司]、省级文化产业示范基地 7 家。

安阳文化旅游资源具有历史悠久、特色鲜明、种类齐全、数量众多的地域特点,安阳文旅文创融合发展,打造城市文旅品牌具有天然的优势。

一、安阳文化资源在中华文明传播体系中的重要地位和现实价值

"增强中华文明传播力影响力"这一要求是党的二十大提出的重要任务,对于推进文化自信自强,建设社会主义文化强国,实现第二个百年奋斗目标,以中国式现代化全面推进中华民族伟大复兴,推动构建人类命运共同体、创造人类文明新形态等目标都具有重要而深远的意义。安阳这座历史悠久、文化灿烂的城市更是在这一进程中扮演着重要的角色。在安阳,殷商文化、甲骨文化、周易文化、诗经文化、建安文化、红旗渠精神等相互辉映、绵延不息,共同为中华优秀传统文化和中华文明的建设贡献着宝贵的力量。推动安阳优秀传统文化的创造性转化和创新性发展,对于增强中华文明传播力和影响力有着极为重要的价值。在这个过程中,我们要更加深入地挖掘历史底蕴,注重传承创新,使安阳的文化资源更好地为中华文明的繁荣做出贡献。这样的努力不仅是对过去的致敬,更是为了将中华文化的博大精深传承给后代,为构建人类命运共同体、创造人类文明新形态注入更多的活力和智慧。

(一)殷墟是中华文明探源工程的重要组成部分,对于坚定文化自信、增强文化软实力意义重大

殷墟是我国历史上第一个文献可考、为考古发掘所证实的商代晚期都城遗址,是中华文明的重要标志,在中华文明史、文字史乃至世界文明史和文字史上具有无可替代的历史、文化和科学价值。甲骨文是迄今为止中国发现的年代最早的成熟文字系统,甲骨文的发现让中华文明信史提前了 1000 年,是照亮中华文明的一盏明灯,在世界四大古文字体系中,唯有以殷墟甲骨文为代表的中国古汉字体系,历经数千年的演变而承续至今。2022 年 10 月 28 日,习近平总书记在视察殷墟时指出:"殷墟我向

往已久,这次来是想更深地学习理解中华文明,古为今用,为更好建设中华民族现代文明提供借鉴。"加强殷墟文物保护,推进甲骨文著录考释、活化利用,有助于教育引导人民群众更好地认识和认同中华文明,坚定文化自信,提升中华文化软实力,为增强中华文明传播力影响力奠定坚实基础。

(二)红旗渠精神是中华民族精神谱系的重要组成部分,对于讲好中国故事、传播好中国声音意义重大

2022年10月28日,习近平总书记在视察红旗渠时强调:"红旗渠就是纪念碑,记载了林县人不认命、不服输、敢于战天斗地的英雄气概。"他指出:"红旗渠精神同延安精神是一脉相承的,是中华民族不可磨灭的历史记忆,永远震撼人心。"这种自力更生、艰苦创业、团结协作、无私奉献的红旗渠精神,成为中国共产党人精神和中华民族精神的重要组成部分,是我们党和国家薪火相传的宝贵精神财富,也是讲述好中国故事、弘扬好中华文化的生动实例。早在1971年到1980年,前来参观红旗渠的外国访客就达到11 300余人,涉及119个国家和地区。传承和弘扬红旗渠精神,通过生动的故事讲述红旗渠建设的历程,有助于更好地讲好中国故事、传播好中国声音,使世界更深刻地理解中国精神和中国力量。这一独特的文化符号不仅见证了林县人民的拼搏奋斗,也为中国的发展奉献了宝贵的经验和智慧。

(三)安阳优秀文化是黄河文化的组成部分,对于讲好黄河故事,传播中华文明意义重大

2019年9月18日,习近平总书记在黄河流域生态保护和高质量发展座谈会上强调:"黄河文化是中华文明的重要组成部分,是中华民族的根和魂。要推进黄河文化遗产的系统保护,守好老祖宗留给我们的宝贵遗产。"早在4500年前,华夏人文始祖"三皇五帝"中的颛顼、帝喾二帝就在安阳这片土地上肇造文明、建功立业,安阳内黄二帝陵被誉为中华祭祀文化和姓氏文化的发源地,是华夏儿女寻根祭祖的圣地。安阳汤阴羑里城是《周易》发源地,周易文化与河洛文化一脉相承,"河出图,洛出书",伏羲受之作八卦,文王拘而演《周易》,《周易》所孕育的和合思想,构成了古

代中华民族的精神支柱、文化载体和思想灵魂,被誉为"群经之首、大道之源"。安阳汤阴岳飞庙传承了"岳母刺字"和"精忠报国"的动人故事,而《满江红》则是激励一代又一代中华儿女为中华民族伟大复兴而奋斗的动人篇章。《诗经》的产生地域以黄河流域为中心,其中《国风·邶风》十九首,基本采自西周至春秋时期的安阳汤阴邶城地区的民间,邶城更被誉为千年爱情圣地。安阳内黄三杨庄汉代遗址是世界上独一无二的大规模汉代农耕聚落遗址,为研究汉代农耕文化和黄河河道变迁提供了重要考古资料。作为河南省黄河流域生态保护和高质量发展规划确定的核心区城市之一,安阳在传承和发展黄河文化中担负着不可替代的重要任务。推动安阳优秀文化的创造性转化和创新性发展,不仅有助于助力国家区域发展战略的落实,还将增强黄河文化的传播力和影响力,为中华民族伟大复兴贡献力量。

二、安阳文旅品牌创新发展的理论依据

习近平总书记在庆祝中国共产党成立100周年大会上明确提出"坚持把马克思主义基本原理同中国具体实际相结合、同中华优秀传统文化相结合"。在党的二十大报告中又以全新的视野对"两个结合"进行了科学阐释,"只有把马克思主义基本原理同中国具体实际相结合、同中华优秀传统文化相结合,坚持运用辩证唯物主义和历史唯物主义,才能正确回答时代和实践提出的重大问题,才能始终保持马克思主义的蓬勃生机和旺盛活力"。要赋予中华优秀传统文化新的时代内涵,就要精准把握时代脉搏,结合具体实际,实现新发展、新突破。

(一)不断推动安阳优秀传统文化呈彩出新

传承中华优秀传统文化在迅猛发展的当今时代展现出的强大精神力量,这是"两个结合"在发展过程中所坚持的价值导向。两者要在良性互动中融合吸收,注重历史与当下、本土与外来相结合,避免一些错误思潮的侵袭或者马克思主义在中国发展不顺畅的窘境。如何使中华优秀传统文化彰显出实际价值,有益于当今社会发展,就不能是简单延续、僵化套用、理论说教等传统形式的继承,而是要突破陈规、推陈出新,实现中华优秀传统文化的创新性发展。坚持古为今用、以文化人,从传统思想文化中

不断批判吸收,汲取思想智慧。积极吸收借鉴人类文明的一切优秀文化成果,在解读和扬弃其他外来文化的过程中打造自己的文化新特色,在各种交互相织的文化生活实践中赋予本民族本地区文化新内涵和新形式。

(二)深入挖掘中华优秀传统文化中的文化精粹

博大精深、辉煌灿烂的殷商文明,为中华民族的发展源源不断地释放着能量。殷墟甲骨文的出土、青铜器的发现等,无不体现着殷商时期浩瀚的文学艺术、精湛的科学技术、深厚的人文学术、饱满的人文情怀。这些丰富的宝贵财富长久以来影响着人们的生活态度和生活方式。灿烂的中华优秀传统文化涉及物质和精神各个领域,以独有的样貌影响着中华民族的方方面面。如何传承创新,需要深入挖掘中华优秀传统文化的独特价值,要做到系统梳理历史文化发展脉络,形成史料丰富、生动深刻的具有强劲生命力和影响力的当代主流文化。同时,既要掌握中华优秀传统文化的精华,又要以一般规律为指导,在系统梳理和发扬文化精粹的过程中进一步展现中华民族文化的丰富性和多样性。安阳文旅品牌的创新发展,必须在"两个结合"的持续推动中继承和发展中华优秀传统文化。

(三)弘扬优秀传统文化,必须坚定文化自信

弘扬优秀传统文化的使命在于坚定文化自信。习近平总书记曾明确指出:"中华文化源远流长,积淀着中华民族最深层的精神追求,代表着中华民族独特的精神标识,为中华民族生生不息、发展壮大提供了丰厚滋养。"这种自信源于中华传统文化的深厚历史底蕴和民族智慧,是中华民族绵长历史和灿烂文化的结晶,为一代又一代中华儿女提供了精神指引。在当今时代,多元文化激烈碰撞的大背景下,我们必须以马克思主义的科学理论为指导,坚持社会主义核心价值观的引领作用。在守正创新的过程中,更要凸显文化自信,让安阳传统文化焕发出新的生机和活力。这不仅是对过去的传承,更是对未来的启迪。只有通过弘扬优秀传统文化,我们才能更好地塑造民族身份认同,增强文化软实力,为中华民族伟大复兴贡献力量。

第二节 世界文化遗产——殷墟

殷墟,是商朝后期的都城遗址,坐落于河南省安阳市西北郊的洹河南北两岸,以小屯村为中心,占地面积约30平方千米。在商后期,这片地区被称为北蒙,后来又改称为殷。公元前14世纪,盘庚将都城迁至此地,经过8代12位君主,直至周武王灭商,历时254年。周朝灭亡殷后,曾在此封纣之子武庚为王,然而由于叛乱武庚被杀,殷地逐渐沦为废墟,居民迁徙,形成了如今的遗址。

殷墟由殷墟王陵遗址、殷墟宫殿宗庙遗址、洹北商城遗址等组成,划分为王陵区、宫殿区、一般墓葬区、奴隶居住区、平民居住区、手工业作坊区。地理坐标为东经114°18′50″,北纬36°07′36″,海拔约为80米。遗产地保护区核心面积414万平方米,缓冲区面积为720万平方米。殷墟被认为是中国历史上第一个文献可考并为考古学和甲骨文所实证的都城遗址,殷都安阳被誉为中华古都之冠。

1961年3月,殷墟被列为第一批全国重点文物保护单位。2006年7月,殷墟被列入《世界遗产名录》,成为世界文化遗产。2011年3月,殷墟获得国家AAAAA级旅游景区的评定。2018年10月,殷墟成为全国中小学生研学实践教育基地。2023年3月28日,"殷墟商王陵及周边遗存"被评选为2022年全国十大考古新发现。

一、历史沿革

公元前1300年,商朝的第19位君主盘庚决定迁都至北蒙(今河南安阳),并将"北蒙"更名为"殷"。自盘庚迁殷,到公元前1046年帝辛亡国,其间,殷一直是中国商代后期的政治、经济、文化、军事中心。

殷墟甲骨文发现于1899年,与敦煌藏经洞的敦煌遗书、居延烽燧遗址的汉简、明清内阁大库档案等并称"中国近现代史料四大发现"。这四大发现涵盖了中国四个不同历史时期的珍贵原始材料。其中,殷墟甲骨文的价值和深远意义尤为突出。1908 年,中国近代考古学家罗振玉确认甲骨文的出土地位于河南安阳小屯村。

1928 年,中央研究院历史语言研究所派遣董作宾进行试掘,此后的 10 年间,殷墟的发现包括了宫殿宗庙建筑基址、王陵大墓、祭祀坑等遗迹,同时出土了大量甲骨文、青铜器、玉器等文物。1929 年,中央研究院历史语言研究所考古组组长李济主持殷墟的发掘工作。此外,1930 年,梁启超之子梁思永也加入殷墟的发掘队伍中。1936 年,发现了编号为 YH127 的大型甲骨埋藏坑,一次出土刻辞甲骨 1.6 万余片。

1950 年,中国科学院考古研究所(现中国社会科学院考古研究所)恢复了中断 13 年的殷墟考古发掘工作,并由郭宝钧主持发掘了著名的武官村大墓。随后于 1958 年,在安阳设立了中国科学院考古研究所安阳工作站,专门负责殷墟的田野勘探与发掘工作。1961 年 3 月,国务院公布殷墟为第一批全国重点文物保护单位。

1987 年,安阳市文物工作队(今安阳市文物考古研究所)成立,工作内容为殷墟保护区外围的考古发掘与科学研究。1995 年,安阳市殷墟管理处成立,负责殷墟保护工作和日常管理,同年,安阳市政府颁布了《安阳市殷墟保护管理办法》。

2001 年 3 月,安阳殷墟以最高得票数入选"中国 20 世纪 100 项考古重大发现";同年 9 月,河南省审议并通过了《河南省安阳殷墟保护管理条例》,自 2001 年 10 月 10 日起施行。2003 年 6 月,河南省审议并通过《安阳殷墟保护总体规划》,并正式施行。2006 年 7 月,在联合国教科文组织第 30 届世界遗产大会上,安阳殷墟获评通过,并被列入《世界遗产名录》。

2022 年 11 月 10 日,国家文物局在北京召开的"考古中国"重大项目进展发布会上,通报了殷墟考古和甲骨文研究的最新成果和进展。在通报会上,正式发布了小屯宫殿宗庙区新发现的一处大型池苑遗迹,其面积达 6 万多平方米。

在 2023 年 12 月 21 日,安阳市文物考古研究院崔宗亮在河南考古工作成果交流会上介绍,安阳大坡遗址发现了一处商代晚期的家族墓地,共有商代墓葬 28 座,包括大、中、小三种不同规模和结构的墓葬。其中,大型墓 M16、M17、M18 南北双墓道,呈"中"字形,这是殷墟外围地区首次发现大型"中"字形墓葬。

二、文物遗存

殷墟科学发掘 90 余年来,出土文物种类繁多,数量极其可观。其中,已出土殷墟甲骨近 16 万片,陶器数万件,青铜礼器约 1500 余件、青铜兵器约 3500 余件,玉器约 2600 余件,石器 6500 件以上,骨器 3 万余件。

(一)甲骨文

甲骨文是刻在龟甲或兽骨上,用于记录占卜活动内容的文字,也被称为贞卜文字、甲骨卜辞、殷墟书契等。在 19 世纪末期,河南安阳小屯村的农民在耕地时发现了大量甲骨,当初将其用作中药材"龙骨"。1899 年,国子监祭酒王懿荣首次确定了甲骨的文字价值,进而研究认定其为商代占卜所用的文字。随后,经过学者王襄、罗振玉等的研究,揭示了甲骨的奥秘,最终发现了殷墟。

已经发现的殷墟甲骨近 16 万片,包含约 4500 多个不相重复的单字。每个甲骨文单字基本上由长短线条互相配合的点划组成,形体呈方块或长方块。从汉字结构的规律上看,甲骨文主要以象形、形声和假借字为主,这表明它是一种相对成熟的文字体系,可谓中国汉字的鼻祖。

甲骨文中有着目前世界已知的最早的关于日食和月食的记载、最早的医疗档案,以及完整的十进位制数字系统。甲骨文的发现为中华文明的历史研究提供了珍贵的资料。中国社会科学院考古研究所研究员徐广德指出,甲骨文印证了《史记》的真实性。甲骨文将中国的信史推进了近千年。在世界四大古文字体系中,以殷墟甲骨文为代表的中国古汉字体系在数千年的历史演变中延续,书写出了丰富而深厚的中华文明史。

(二)青铜器、玉器

在殷商时期,与世界其他地方的青铜文化相比,其显著特点在于更强调青铜容器,尤其是礼器。殷墟挖掘的各类青铜器制作工艺精湛,纹饰精致,堪称不可多得的艺术瑰宝。这些青铜器展示了殷商王朝在冶炼技术上的高超水平,成为当时世界范围内最卓越的表现,突显了商代中国在冶炼技术方面的卓越发展。

商代时期,冶炼技术高超的商民已了解青铜器的合金成分。工匠们通过对铜、铅、锡的巧妙配比,成功铸造出具有不同用途的青铜制品。青铜兵器在殷商时期不仅是巩固和扩张国家势力的主要武器,还成为商代王族权力、财富和地位的象征。殷墟遗址中发现的众多青铜陪葬品,尤其是器具的搭配方式和数量,直观地反映了墓主人在社会中的地位。

尽管殷商的青铜加工业产业相对成熟,但安阳周边却没有冶炼青铜所需的锡铅矿石,更没有高品位的铜矿。有学者推测,当时的工匠可能学会了在矿石产地进行初步冶炼粗加工,然后将处理过的粗锡、粗铜、粗铅运输到安阳进行配比熔炼。商代频繁的战争可能与争夺矿产资源有关,铜矿可能采自长江流域一带,而锡、铅则主要来自江西等地。

1939 年,商后母戊鼎出土于殷墟王陵区,长 1.10 米,宽 0.79 米,高 1.33 米,重 832.84 千克,是目前世界历史发现最大的一件青铜器,堪称国宝。鼎,最初的功能只是烹煮肉食,随着历史的演进,逐渐成为权力的象征。商后母戊鼎的浇筑,在当时是一项浩大的工程,制造这样的重器需要明确的分工和精确的协作。商后母戊鼎中,锡、铅、铜的含量与比例,与现代工艺青铜器中金属含量比例基本相同,可见当时冶炼技术已经非常成熟。

除了青铜器,殷墟出土的玉器体现了中国青铜时代卓越的工艺水平和艺术创造力。学者们认为,殷墟的玉器原料大多来自新疆和田玉、辽宁岫玉,这引发了对于早在商代时期就存在通往新疆的"金石之路"的推测,比公元前 2 世纪的"丝绸之路"早了 1200 多年。

(三)妇好墓

妇好,商王武丁的妻子,文武双全,参与国家军政大事,为王朝做出卓越贡献。据甲骨文记载,她曾多次率军出征,带领过 10 000 余人的军队。妇好墓深 7.5 米,出土了大批随葬品,共计 1928 件。计有:青铜器 400 多件,玉器 750 多件,骨器 560 多件,以及石器、象牙制品、陶器、蚌器、海螺、海贝等。更为重要的是,在出土的青铜器中,有不少都铸有"妇好"二字的铭文,甚至在一件兵器上也有"妇好"的名字。学者们经过研究,确定这就是在甲骨卜辞里出现过 200 多次的武丁的妻子妇好。在随葬品中,除了有精美的青铜器、玉器等以外,还有壁龛里的尺骨,这是当时被殉葬的奴隶。

三、布局展示

(一)宫殿宗庙

殷墟宫殿宗庙遗址分布在安阳小屯村东北,占地南北长 1 千米、东西宽 0.65 千米,总面积约 0.65 平方千米。在考古发掘中,发现商代晚期大型建筑基址达 80 余座。这些宏伟的建筑多采用四合院式结构。1937 年,中央研究院历史语言研究所在小屯村北、东北等地发掘了 54 座宫殿建筑基址,分为甲、乙、丙三组。甲组位于宫殿宗庙区北部,称为"后寝";乙组位于宫殿宗庙区中部,规模庞大,布局严谨,被称为"前朝"。中华人民共和国成立后,还有大量宫殿基址陆续被发现。殷墟宫殿宗庙遗址规划庞大,基本上遵循宫殿"前朝后寝,左祖右社"的建筑格局。这些宫殿建筑规模巨大,建于夯土台基之上,采用正方形、长方形和"凹"字形等多种形制,构成了"茅茨土阶,四阿重屋"的大型夯土建筑群。修建方法包括在殿基下挖一个与殿基大小相近的长方形竖穴基础坑,然后逐层填充夯实,每层夯土厚度约为 9 厘米,夯窝排列密集。当夯土台基筑至一定高度后,根据宫殿建筑结构需求挖出圆形竖穴柱础坑,放上柱础石并竖立柱子。有趣的是,有些大型宫殿的柱础居然是用铜制成的。在小屯村及其附近,还挖掘出许多大小不一、形状各异的宫殿建筑基址。这些建筑基址成片有序分布在洹河自然形成的河曲高地上,构成了殷墟遗址最核心的部分。1987 年,安阳市根据考古资料、文献资料复原了乙二十基址,成为殷墟宫殿宗庙区内的主体建筑。

(二)殷墟王陵

殷墟王陵遗址坐落于河南省安阳市洹河北岸的侯家庄与武官村北高地,东西长约 450 米,南北宽约 250 米。这一区域已经发现了 13 座大墓,以及 2500 多个祭祀坑。目前,已有 12 座大墓和 1400 多个祭祀坑完成了考古发掘。王陵遗址分为东、西两个区域,其中西区主要包含 8 座大墓,而东区以祭祀坑为主,主要分布在东区南部和北部的中段。此外,东区还包括 1 座大墓和 4 座较大墓。

这些大墓和较大墓的特点是地上均无封土,陵墓均为坐北朝南,墓室口大底小呈方斗型,墓平面呈"亞"字形、"中"字形或"甲"字形。尽管墓道之间有个别打破关系,但墓室绝无叠压现象,显示出王陵区13座陵墓的位置是按照相应规划有序安排的。在这13座墓中,有8座采用"亞"字形墓制,每座墓有4条墓道,被认为是规格最高的陵墓,成为以后相当长时间内帝王陵的典范。"中"字形墓有3座,各有一条南北方向的墓道。"甲"字形墓有1座,只有南墓道。

殷墟王陵的显著特点是其盛行的人牲人殉制度。王陵区的祭祀坑主要分布在东区,排列有序而有规律。这些祭祀坑按照坑口大小、方向、深度、埋葬内容、骨架姿势和坑间距离等标准被划分为若干组。每组有一排或几排不等的坑,数量也各异,最多的组别拥有数十个祭祀坑。同一组的坑应属于相同的祭祀活动。根据埋葬内容的不同,祭祀坑可以分为人坑、动物坑和器物坑。

(三)洹北商城

位于河南安阳市北郊的洹北商城,因位于洹河北岸,被赋予了"洹北商城"的名字。这座城址呈方形,与传统的殷墟遗址有一定的重叠之处。经过确认,城墙基槽采用夯土夯筑,南北长约2200米,东西宽约2150米,总面积约为4.7平方千米。城址的方向北偏东13度。宫殿宗庙区位于城址的南北中轴线南段,这一区域已经发现了数十处夯土基址,其中规模最大的基址总面积达到1.6万平方米,是中国已知的面积最大的商代单体建筑基址。

宫殿区的周围分布着大面积的居住址,特别是西北部的居住址在局部揭露后,清理出大量的房基、水井和窖穴。在居民点周围,还发现了一些墓葬。洹北商城的发现无疑对传统的"殷墟"概念进行了改写。城址内出土的文物、建筑遗迹以及相关地层关系、碳十四年代等资料表明,这座城址的年代略早于之前所知的"殷墟"范围内的其他主要遗迹和遗物。学者们推测这一城址与传统殷墟的中心地点小屯村之间存在前后关系,可视为商代都邑的前后演进。

(四)匈奴墓葬

2017年5月,殷墟遗址保护区进行考古发掘时,考古人员共发现了

18 座匈奴墓葬。这些墓葬排列整齐,形制相似。通过从墓中出土的器物来判断,这些墓葬的时代晚于殷墟时期,且与中原地区的墓葬在形制内容上存在差异。它们的年代应追溯到东汉末年至魏晋时期,距今已有大约1800 年的历史。这些匈奴墓葬的出土为研究该地区历史文化提供了重要线索。墓葬的整齐排列表明在一定时期内,当地社会有着较为规范的葬礼制度。与殷墟时期相比,这些墓葬不仅时间上有所延续,而且在形制上有所创新,反映了不同历史时期的文化演变。考古发现的器物,帮助学者更深入地了解匈奴部落的生活方式、宗教信仰以及与周边文化的交流互动。这些珍贵的文物见证了这片土地丰富的历史沉淀,为我们解开古代文明的谜团提供了新的线索。

第三节　人工天河——红旗渠

红旗渠是国家 AAAAA 级旅游景区、全国重点文物保护单位,位于河南省安阳市林州市,是 20 世纪 60 年代林县(今林州市)人民在极其艰难的条件下,从太行山腰修建的引漳入林的水利工程,被称为"人工天河"。

红旗渠工程于 1960 年 2 月动工,至 1969 年 7 月支渠配套工程全面完成。该工程共削平了 1250 座山头,架设 151 座渡槽,开凿 211 个隧洞,修建各种建筑物 12 408 座,挖砌土石达 2225 万立方米,红旗渠总干渠全长 70.6 千米(山西石城镇—河南任村镇),干渠支渠分布全市乡镇。红旗渠全长 1500 余千米、参与修建人数近 10 万、耗时近 10 年,是"新中国奇迹",被誉为"世界第八大奇迹"。

一、建设背景

中国河南省安阳市林州市(原林县)的红旗渠,是一项艰苦卓绝的工程,位于河南与山西交界处。安阳林县曾经历严重的干旱和缺水困扰。根据史料记载,自明朝正统元年(1436 年)至中华人民共和国成立的1949 年,林县历经 100 多次自然灾害,其中大旱绝收更是发生了 30 多次。有时,大旱连年,导致河水枯竭,井水干涸,田地里的庄稼颗粒无收。

在元代，山西潞安知府李汉卿策划了修建天平渠的计划，而明代林县知县谢思聪则组织了修建谢公渠的工程。然而，这些工程虽然在一定程度上解决了一些村庄的用水问题，却未能从根本上改变林县长期缺水的困境，导致粮食产量极为有限，人民群众的生活极为艰难。

1949 年，林县在全境解放后，县政府积极展开水利工程的建设，以缓解当地的用水难题。从 1957 年起，相继完成了英雄渠、淇河渠、南谷洞水库和弓上水库等水利工程。然而，由于水源的限制，这些工程仍未能有效解决广泛的灌溉问题。随着时间推移，水资源紧缺问题越发严重。

1959 年，林县再次遭遇史无前例的干旱，境内的河流全部断流。人民群众不得不再次长途跋涉取水，生活陷入严重困境。这一干旱事件使得林县的水资源问题更加突出，迫使当地政府寻找更加全面、长远的解决方案，以确保居民在水资源充足的情况下生活和农业得以持续发展。

多次协商后，解决水源问题的关键在于寻找新的可靠水源，并通过修建渠道引水进入林县。林县县委决定将目光投向域外，着眼于水源丰富的浊漳河。于 1959 年 10 月 10 日，林县县委召开了会议，制定了将浊漳河的水引入林县的计划。当时，中共林县县委书记杨贵发出了"重新安排林县河山"的号召，成立了专门研究"引漳入林"工程的团队。具体工程计划于 1960 年 2 月启动，而当时正值三年困难时期，全县仅有 150 亩耕地、300 万元储备金和 28 名水利技术人员。

1960 年 2 月，林县人民开始了红旗渠的修建，原名为"引漳入林"工程。在豫晋两省协商同意和国家计委委托水利电力部批准后，工程于 1960 年 3 月 6 日至 7 日，在盘阳村召开的全体会议上正式更名为"红旗渠"。经过十年的努力，总干渠于 1965 年 4 月 5 日首次通水，三条干渠于 1966 年 4 月竣工，干、支、斗渠的配套建设最终于 1969 年得以完成，彻底解决了林县人民的用水问题。

二、建设过程

（一）面临问题

浊漳河水被引入红旗渠，作为该渠的水源，这一过程涉及在山西省平顺县石城镇侯壁处设坝截流,从而将浊漳河水引入河南林县。然而,要实现引漳入林并非易事,林县在此过程中不得不面对粮食短缺、资金匮乏、技术水平薄弱、工具简陋等一系列复杂问题。这期间所面临的挑战远非轻松可解。

(二)判断失误

林县县委最初对引漳入林的艰巨性认识不足。他们曾认为:"动员7万人,每人挖1米,2月初开工,努力3个月,5月1日就可以实现通水。"然而,开工不久,他们才意识到沿水渠线附近已经有近4万人,但实际工程进展缓慢。劳动力、技术力量分散,一些人挖错了渠线,有的炸坏了渠底,关键工程部位的施工进展缓慢,工程质量和安全都无法得到保障。山西境内,群众普遍反映"白天黑夜不断的炮声,碎石四处飞溅,摧毁了树木,损坏了房屋和瓦片,吓跑了牲口,甚至使房屋出现裂缝"。最初的设想是在几个月内完成,然而林县县委很快清醒地认识到,这样一个庞大的水利工程想要完工,必须进行持久的战斗。

(三)众志成城

20世纪60年代,正值我国经济最困难时期,建设红旗渠这样浩大的工程,所需的人力、物力、财力可想而知。可当时林县的实际情况却不容乐观,在资金、粮食、技术人员等方面都存在困难,当时县委提出"自力更生为主,国家扶持为辅"的方针,一切本着克勤克俭的原则,力求用较少的钱办较多的事。

没有住房自己建,没有工具自己带,没有石灰自己烧,没有炸药自己做,没有水泥自己制,仅1960年至1966年总干渠和三条干渠建设过程中,通过发扬自力更生、艰苦创业的精神,节约款就达1293.92万元。其中自造炸药节约款145.8万元,自烧石灰节约款232万元,废物利用节约款113.36万元,卖大粪款5.76万元,技术革新、加强劳动管理提高工效节约款797万元。此外,通过修建红旗渠,还培养出了数以万计的技术人才,仅石匠就有3.3万余名。学会烧石灰的700余名,学会造炸药的300余名,学会制水泥的100余名,炮手800余名,铁匠100余名,木匠200余名,能够领导施工的管理人才1600余名。

（四）奉献牺牲

红旗渠也被誉为"英雄史诗"，这部厚重的史诗讴歌的是林县党员干部和人民群众的艰苦创业史，颂扬的是那些为建设红旗渠而流汗流血甚至献出生命的英雄群体。在这些英雄中，有除险队队长任羊成，神炮手常根虎，钻洞能手王师存，"铁姑娘队队长"郭秋英，等等。红旗渠在修建的10年当中，先后有81位干部群众献出了自己宝贵的生命。其中年龄最大的63岁，年龄最小的只有17岁。其中包括红旗渠总设计师吴祖太，牺牲时年仅27岁。

吴祖太是为修建红旗渠牺牲英烈中唯一的一名外乡人，籍贯原阳县原兴街道白庙村。吴祖太在接到红旗渠设计任务后，毫不畏惧艰险，跋山涉水，亲自进行实地勘测。在此期间，他的家中发生了重大变故，然而他并没有因此而停下手中的工作，仍然坚持奋斗在红旗渠建设的第一线。1960年3月28日下午，吴祖太得知王家庄隧洞洞顶裂缝严重，深入洞内查看险情，被洞顶坍塌的巨石砸中，年仅27岁的他在工作中不幸牺牲。

三、红旗渠精神

在红旗渠的修建过程中，林县人民孕育并形成了红旗渠精神。周恩来总理生前十分关心并支持林县的工作，他为红旗渠的建设付出了大量心血。他曾自豪地向国际友人表示："新中国有两大奇迹，一个是南京长江大桥，一个是林县红旗渠。"在1974年，当新中国参加联合国大会时，首映的第一部电影就是纪录片《红旗渠》。习近平总书记在视察红旗渠时指出："红旗渠就是纪念碑，记载了林县人不认命、不服输、敢于战天斗地的英雄气概""红旗渠精神同延安精神是一脉相承的，是中华民族不可磨灭的历史记忆，永远震撼人心"。这种自力更生、艰苦创业、团结协作、无私奉献的红旗渠精神，记录了中国共产党带领人民群众战天斗地的英雄事迹，成为中国共产党人精神和中华民族精神的重要组成部分，是我们党和国家薪火相传的宝贵精神财富。

第四节　遗址遗迹

一、二帝陵

（一）遗址概况

二帝陵地处内黄县梁庄镇，全称为颛顼帝喾陵，是"三皇五帝"中第二帝高阳氏颛顼、第三帝高辛氏帝喾的陵墓，民间俗称"高王庙"。陵地占地面积约24万平方米，南北长2050米，东西宽1060米。古时，二帝陵隶属于东郡濮阳，此后于1167年归于滑县，1940年新划为高陵县，最终于1949年划归内黄县。

史载二帝葬于"鲋山之阳"，即指此处。封土冢南北长约65米，东西宽约54米，顶高25米，墓内陵墙使用约1米余高的砖砌成，至今仍残存。据院中石碑所记载，这些砖砌围墙乃元代天历二年重新建筑。"颛顼陵""帝喾陵"两石碑嵌于南部的陵墙之上。在二帝陵庙之前的高台地上，还残存有元代重修的陵庙拜殿和左右配殿。先后在拜殿和配殿前后清理出历代碑碣165通，为元、明、清时期的遗物，内容多为历代王朝派遣特使来此祭奠的祭文、历代重修陵庙的庙记，以及文人墨客的拜谒赋诗。二帝陵2000年晋升为河南省重点文物保护单位，2006年被评为国家AAA级旅游景区。

（二）遗址价值

颛顼、帝喾位列"五帝"，前承炎黄，后启尧舜，开创和发展了灿烂的华夏文明，改革和继承了传统祭祀文化，奠定和丰富了姓氏文化，是中国姓氏寻根文化研究界公认的数百家姓氏的起源，对中华民族的形成和延续起着重要的作用，被尊为华夏人文始祖。颛顼帝喾陵是颇具代表性的历史文化遗产，被誉为中华祭祀文化和姓氏文化的发源地，华夏寻根祭祖圣地。

根据相关文献可查，颛顼帝喾陵始建于汉代，立庙于唐代，宋代稍有修缮,金代重修二帝陵。在朝代更迭中,元、明、清都有多次修葺记录。颛顼帝喾陵昔时宏伟壮观,古朴别致,碑碣耸立,松柏翠柏。清末时二帝陵曾被黄沙掩盖,最终在 1986 年清沙挽救后,重现于世人眼前。二陵方位巧妙,呈对峙之势。基址之中内涵丰富,发现有御桥、御道、神道、水井、山门、棂星门、庙院、寝殿、享殿等。此中遗址历史悠久,文献价值颇丰,更有 165 通历朝历代祭祀碑,古风俨然,静立在时间长河中记录着两座帝陵的变迁。颛顼陵有元、清标志碑,帝喾陵有明代标志碑。元、明、清三代陵碑均立于两位上古帝王陵前,实属罕见。

史书记载:"从宋徽宗正和二年开始,确立历代所祭之陵墓祠庙,在澶州祭高阳颛顼和帝喾。"二帝陵前碑碣数量之丰,是其他各地帝陵少有的。地下还发现有仰韶文化和龙山文化遗存,说明这里在公元前三四千年前的原始时代就有先民居住。

颛顼帝喾陵文化价值厚重,历史沿革悠久,文献价值、科学价值都十分丰厚,是现代考古的珍贵实物资料。不仅如此,陵区内还发现了龙山文化时期遗址遗迹,以及仰韶文化时期的泥质等。在距陵区 25 千米的濮阳西水坡仰韶文化遗址中,发现有用蚌壳雕塑的龙虎图腾,这与传说中"五帝"的时间年代契合。元代以来的 165 通御祭碑碣,也提供了许多实料,验证了古时华夏民族对颛顼与帝喾的尊崇,同时向大众说明了祭祀活动在过去数千年的历史当中兴盛不衰。同时,碑碣之上真实地记载着朝代更迭之中的兴衰变迁、文化知识、关键大事。这些记载不仅是珍贵的书法石刻瑰宝,更是研究古时官职、地域文化、风俗人文、朝代沿革的重要资料。

二、羑里城遗址

(一)遗址概况

羑里城遗址位于河南省安阳市汤阴县文王路,在汤阴县城北约 4 千米处的羑里城。羑里城又称文王庙,是有史可据、有址可考的中国历史上第一座监狱,也是周易文化发祥地。清乾隆《汤阴县志》载,文王庙在汤阴县羑里城。"画地为牢""文王拘而演《周易》"的历史典故均源自于此。羑里城是一处蕴含丰富的龙山至商周时期的文化遗址,其处有

7 米厚的龙山文化和商周文化遗存,是 3000 年前殷纣王关押西伯姬昌 7 年之处,此处也是文王据伏羲八卦推演出 64 卦 384 爻,即"文王拘而演《周易》"之圣地。1996 年 11 月 20 日,羑里城遗址被认定为第四批全国重点文物保护单位。

(二)遗址价值

羑里城遗址现存包括山门、周文王演易台、古殿基址等。石碑雕刻 10 余通,其中有《周文王羑里城》《禹碑》《文王易》等。无论是遗址还是石碑,都具有极重要的史料文献价值,益于现人研究周易文化。

史料记载,商末君主,世称商纣王,残暴酷政导致民不聊生、上下怨恨。西伯姬昌治理下的诸侯国却发展势好,日益强大,商纣王因此生出忌惮疑虑之心,因此将姬昌囚禁在羑里。在被囚禁的 7 年岁月中,姬昌潜心治学、一心研究,最终将伏羲八卦演为 16 卦 384 爻,并提出了刚柔相济,著成《周易》一书,后被列为"五经"之首。后人为纪念西伯姬昌,在羑里城遗址上建起文王庙。

《周易》是《易经》与《易传》的统称,《易经》由 8 个方位组,每个组 8 个卦,共 64 个卦象组成,每个卦都有具体的卦名,和对这个卦进行解释的卦辞和爻辞。《易传》则是孔子及其弟子对于《易经》中一些难点、重点的解说,其中包含了 7 个部分,共 10 篇文章,被后人称为"十翼"。《周易》历经了伏羲"观天文、察地理"画出的 8 个先天卦象,周文王推演伏羲八卦而成后天 64 卦,到春秋时期孔子与其弟子注写了解读《易经》的《易传》,"人更三圣,世历三古",跨越了几千年的时间逐步得到完善,《周易》是上古到春秋时期中华先祖文明智慧的结晶。

在历史长河的风云变幻中,《易经》得到进一步的发展,并逐渐明晰了《易经》所涵盖的象、数、理、占四大作用和特点,使《周易》得到进一步的完善和充实。可见《周易》对于中华文化的影响是根深蒂固的,是血脉交融的,五千年的文化早已深深烙印在了每一个中华儿女的血脉之中。

由于《易经》所涵盖的学科面宽广且精深,在后世的解读过程中,理学派看到的是宇宙大道自然规律,象数派看到的是阴阳交变、数理变化,占筮派看到的是体用、生克、吉凶、悔吝。《易经》就像是一座雄伟的高山,不同的视角会发现不同的风景。因此,在对《周易》研究的过程中就衍生出了一些不同的学派。《周易》蕴含的哲理,与人们的生活息息相关、融为一体。雅可谈易理究宇宙大道,俗可玩占筮测吉凶成败,这就是《周易·系辞》所说的:"君子居则观其象而玩其辞,动则观其变而玩其占。"

易卦及《周易》,是个储存量很大的信息库。易经之道,含盖万有,广大精微,自强不息,厚德载物。其中更是注重阴阳互应、刚柔相济。在中华民族五千年文明史中,易道精神时刻鼓舞着中华儿女,使我们久历众劫而不覆,多逢危难而不倾,独能遇衰而复振。在易道的传承下,中华民族不断地发展壮大,传承至今。

(三)保护与开发

羑里城坐北朝南,始建年代失考。元代及明、清曾多次重修。现存古建筑多为明嘉靖二十一年(1542年)重修。近年来又重新恢复了部分殿、亭,现为周易博物馆。

羑里城旧址,南北长约106米,东西宽103米,面积10918平方米,遗址高出地表5米,文化层厚约7米,在此基础上兴建羑里城景区。羑里城景区分前、后两个部分。前景区有周文王演易处、大殿、洗心亭、玩占亭、御碑亭、易碑亭、演易台等;后景区有伏羲祠、吐儿冢、太公祠、老子祠、孔子祠、十二生肖石雕及八卦阵等。现存的羑里城遗址为一片高出地面约丈余的土台,台上有文王庙,建有演易坊、大殿、御碑亭、伏羲祠、老子祠等建筑和遗址区,还有碑刻10余通。

羑里城遗址之上是文王庙,坐北朝南,系明嘉靖二十一年重建。演易坊位于城台的南下端,是一座青石牌坊,上镌楷书大字"演易坊"。山门西侧巨碑上刻"周文王羑里城"6个如斗大字。东侧方碑则是著名的"禹碑",上书77字,其书法十分奇特,不属于任何书法流派类别。从此而上,山门屹立眼前。庙院内古朴典雅,柏树遍布,西侧则是演易台,也是世人相传为西伯姬昌被囚演易之所。院中之楼建于1米高的砖石地基之上,楼高共13米,分为上下两层,每层3间庙房。门额上阳镌"演易台"三字。而耸立在院中的石碑雕刻,均是明清以来的帝王、文武官员以及文人学士颂扬文王的诗、赋、篇章。为人所熟知的《文王易》碑,则镌有《周易》64卦及其释卦辞文,也是现代考古学家研究《周易》的重要实物资料。

城台南端的演易坊,东西两侧各立石碑一块,西侧碑上镌刻"周文王羑里城",东侧碑上镌刻"禹碑"。不仅如此,演易台门楣上也同样刻有"演易台"三字。而作为相传的姬昌被囚之地,演易台分为了上下两层。景区内建有一八卦阵迷宫,完全按照八卦阵图所设计。分别布有群英阵、连环阵、诱敌阵、将军阵、卧龙阵、长蛇阵、迷魂阵、十面埋伏阵八个阵势,相传是三国时期诸葛亮按照九宫八卦方位和五行生克原理布成的作战阵图。

三、三杨庄汉代遗址

(一)遗址概况

三杨庄汉代遗址地处河南省安阳市内黄县梁庄镇三杨庄南部,简称三杨庄遗址。三杨庄遗址 2003 年被中国社会科学院评为"全国六大考古新发现",2005 年被国家文物局评为"全国十大考古新发现",2006 年被国务院公布为第六批全国重点文物保护单位,并列为"十一五"国家重要大遗址。三杨庄遗址所处之地乃黄河故道,地理位置上三杨庄遗址位于浚县大伾山与濮阳县城之间,呈两县东西包裹之势。大伾山属于太行山余脉,海拔高度 137 米,相对高度 70 米,自大伾山向西为低山和丘陵地区,向东即为广袤的华北黄河冲积平原。三杨庄遗址与两县之距相当,大约为 20 千米。遗址出土大量遗物文物,经查属于汉代。除此之外,还遗存有 4 处汉代庭院、道路、湖塘、农田等遗迹。三杨庄遗址考古价值丰富,被称为中国的"庞贝古城"。首先因为它首次再现了汉代农业乡村的真实景象,向世人展现的人文风土,为学者研究汉代基层社会组织结构提供重要的参考依据及史料价值。其次,它也是研究黄河河道变迁等黄河水文史方面重要的考古资料。

(二)遗址价值

三杨庄汉代聚落遗址是汉代考古中的一次历史性发现,其重要价值不言而喻。同时,它也是我国首次考古发现的、性质明确的大规模汉代农村类遗址。经过考古学家和研究人员的初步清理以及勘探,黄沙下的遗址逐渐呈现出原貌。

第一，首次全景展现了汉代黄河中下游地区乡里田园的直观景象。汉代的行政管理制度承袭于秦，郡、县、乡、亭、里逐层管理。里作为其中最基层的管理单位，实行编户齐民的什伍制，即五户为邻（伍），十户为什；五邻为里，即二十五户为一里。在三杨庄遗址聚落当中，发现了 14 处汉代庭院，意味着这里至少存有 14 户居民。不过我们仍无法得知，遗址中一里包含多少户。据现存遗址勘探得知，这些庭院都坐北朝南方向一致，且都为二进院布局，面积大概相同。庭院的建筑规律相同，或许是有规定，也或许是民间约定俗成。庭院布局疏密不等，被农田包裹、相隔开来。院落相距有远有近，最近的相距 25 米，远的可超过 500 米。庭院南门外均有通向田间大道（一般宽约 5 米，有的地方宽约 7 米）的独家小道（一般宽约 3 米）。根据遗址所呈现出的景象，我们可推测出当时的农村大致的面貌。

第二，首次展现了黄河中下游地区普通农民的居住环境和居住条件。过去的考古史料当中，汉代建筑居住类遗迹考古来源均为都城或比较大的城池，如汉魏洛阳故城、河北武安午汲古城、临淄齐国故城等。其中普通民居很少，大多是官用建筑，比如宫殿官署等。而学者们对于汉代庭院民居的认识，大多来源于当时的画像或者石刻，以及一些墓葬内出土的院落模型。在此之中楼阁亭榭占据比例较大，并且所得之物大多不太具体，形象模糊。而在有限的文献记载中，汉代民居多为一堂二内。因此，内黄三杨庄汉代聚落遗址的发现是十分珍贵的。庭院所有者或居住者都是当时从事农耕力作的普通农民，是民居研究的有力支撑材料。庭院均为二进院布局，主房在中间，水井在前方，厕所位于后方。主房，又称堂屋，均为瓦顶。庭院周围或水沟环绕，或毗邻池塘；庭院一周绿树荫翳，树外是田畴。

第三，首次揭示了黄河中下游地区普通民居的建筑工艺和建筑技术。三杨庄遗址一经发现，就引起了全国古建筑学界的热烈关注。原因在于，国内现存的古房屋建筑实物大多为明清时期所建，汉代房屋极少。对于汉代建筑的研究主要来源于一些线条勾画的砖石壁画或者一些形象模糊的模型。实际上，汉代的建筑在整个古建筑史中具有极其重要的地位，因为汉代正处于东方木构架建筑体系发展的关键时期。而中国正是东方木构架建筑的代表。三杨庄遗址清理后,保存状况较好,从呈现出的状况来看,每座主房的瓦顶北半坡大部分保存了板瓦与筒瓦的仰覆扣合原状,说明建筑曾遭洪水浸泡坍塌,并未受到急流冲击。因此坍塌的过程比较缓慢,保存状况良好,学者们才得以研究,并为现代研究汉代建筑的建筑技术和工艺提供了异常珍贵的实物。

第四,首次实景再现了黄河中下游地区农耕技术和农业文明。据文献记载,秦汉以前中国古代的耕作制度实行缦田法,最为简单,无行无垄。缦田法有优有劣,虽然可以在播种时节约劳力,但浪费种子的同时,枝叶丛生,中耕、除草都需要付出额外的劳动。随后,缦田法逐渐被垄作法(或称条播法)代替。到西汉武帝时期,已明确出现了"一晦三甽"的代田法。而三杨庄汉代遗址中发现的大面积耕作农田,也给世人提供真实的实物样本,让我们了解到了汉代施行的代田法。除此之外,遗址内发现的庭院附近都广种树木,尤其是屋后,这符合当时朝廷的规定。在第三处庭院的西北田地中,清理出一些可能是桑树叶和榆树叶的树叶痕迹,部分学者认为,这说明当时的农民或许从事养蚕、纺织等副业,也是家庭收入的来源之一。

(三)保护与开发

地处安阳内黄县梁庄镇三杨庄村的三杨庄遗址,考古价值丰富、历史地位重要,是目前唯一一处保存完整、性质明确的西汉晚期至东汉初期的农业聚落遗址。2009年9月,三杨庄遗址博物馆开馆,河南省文物考古研究所内黄工作站、三杨庄汉代遗址研究基地同时挂牌成立。

博物馆内,古道路、庭院围墙、瓦屋顶、厕所、树林残存、田垄等遗迹以及车辙和牛蹄的痕迹,都保存完好。遗址出土大量的石臼、石磨、石磙及"货泉"铜钱和"益寿万岁"瓦当等反映当时生产、生活的文物。遗存的发掘整理,形象直观地揭示了汉代的庭院和农耕布局,为研究汉代文明和耕作制度提供了第一手资料。博物馆大面积地展示了汉代建筑实物和规整的田垄,分布均匀的庭院及周边设施、面积较大的农田及耕作痕迹,首次再现了汉代农村的景象,揭示了汉代中下层民众生产、生活状况,为现代学者及考古学家研究汉代的基层社会组织结构提供了绝佳的实物资料,填补了考古学研究的空白。安阳持续不断加强并推进对于三杨庄遗址的保护和利用工作,制定出台一系列的保护政策,规划其未来发展,逐步把内涵丰富、布局合理、展示科学的遗址考古公园展现于公众面前,文旅融合,保护与开发相结合。

四、曹操高陵

(一)遗址概况

曹操高陵位于河南省安阳市殷都区安丰乡西高穴村南,又称魏高陵、西高穴二号墓,它是东汉末年政治家、军事家、文学家曹操(155—220)的陵寝。2009 年 12 月 27 日,经中国考古学界相关专家学者确认,国家文物局最终认定安阳高陵墓主为曹操。2010 年 6 月 11 日,曹操高陵入选"2009 年度全国十大考古新发现"之首。2013 年 3 月,曹操高陵入选第七批全国重点文物保护单位。2023 年 4 月 27 日,曹操高陵遗址博物馆举行开馆仪式,488 件(套)精美文物首度集中亮相。

(二)建筑与文物

曹操高陵由墓道、墓门、封门墙、甬道、前后主室和四个侧室组成,是一座多墓室的大型砖室墓,占地面积约 740 平方米,墓平面呈"甲"字形。曹操高陵坐西朝东,方向约为 110 度。前有斜坡墓道,墓圹平面呈前宽后窄的梯形,18 米长,19~22 米宽。墓门宽约 1.95 米、高约 3.02 米,砖砌顶。内有石门一座,石门外有三层封门砖封闭。墓室为砖所砌,分前、后两室,并均有南北两侧室。前室近方形,四角攒尖顶;南侧室平面为长方形,弧形券顶;北侧室平面也为长方形,四角攒尖顶。后室为四角攒尖顶,南北两侧室均为弧形券顶。墓室青石铺地,四个侧室有石门封闭。

曹操高陵出土的文物约有 970 多件,其中可复原者约 250 余件。种类有青石圭、璧等礼器;铁甲、剑、镞、弩机构件等兵器;铜盖弓帽、伞帽、铃和煤精石虎雕等车马杂器;陶砚、石枕、铜带钩、带扣、铺首、钗、环、帽钉、银带扣、铺首、饰件、铁帐构件、镜、削等用具;玉珠、水晶珠、玛瑙珠、玉佩等装饰品;灶、耳杯、盘、壶、罐、托盘、盆等陶瓷器;以及刻铭石牌 59 块。刻铭石牌一类为圭形,其上刻铭文"魏武王常所用挌虎大戟""魏武王常所用挌虎短矛"等;另一类铭文内容为随葬物品的名称和数量,如"黄绫袍锦领袖一""丹绡襜襦一""镜台一""书案一""渠枕一"等,形状为六边形。刻铭的字体绝大多数是汉隶,俗称"八分体",字体规整,遒劲有力。

(三)历史价值

曹操高陵的发现与发掘,在汉魏考古学历史中举足轻重。不仅为汉魏考古学研究树立了准确的年代标尺,也为研究汉魏帝王陵寝制度、丧葬文化乃至汉魏历史提供了珍贵的实物资料,具有重要的社会、历史、文化科学价值。证实了薄葬制度的真实存在;证明了曹操是一个具有远见卓识的政治家,是一个十分节俭、体恤老百姓疾苦、非常现实的统治者,让人们看到了一个与传统认识完全不同的曹操,还原了历史上那个真实的曹操,彻底纠正了历史上对曹操形象的歪曲和学术界对他的传统认识,让我们重新认识到一个更加丰满、有血有肉的真实曹操。

五、灵泉寺遗址

(一)遗址概况

灵泉寺原名宝山寺,北方佛教圣地,位于安阳县善应镇南平村南,距今已有 1400 余年的历史,内建全国最大的浮雕塔林,俗称"万佛沟",又名"小龙门",为东魏武定四年(546 年)高僧道凭法师所创。灵泉寺内保存有一对单层石塔,是我国最早期的石塔之一。这对精美的唐代九级石塔、隋代的狮子石雕以及三通唐碑都展现了当时的独特艺术风格。

隋文帝开国后,怀着推动佛教普及的愿望,于公元 591 年颁布诏书,邀请灵泉寺主持灵裕法师(道凭法师的弟子)前往长安,荣膺国统僧官的尊号(相当于当今的佛教协会主席),这使灵泉寺第一次获得了全国性的知名度,也由此奠定了"河朔第一古刹"的基础地位。唐代佛教的地位进一步上升,灵泉寺则成为北方佛教的圣地。

寺院周围的东西两座山共拥有 247 座石窟,以大留石窟、大圣石窟最为著名。灵泉寺成为北方佛教中心后,后世很多高僧纷纷"附会"于此。他们以大留石窟或者大圣石窟为依托,开窟建塔,以期在佛法追求上有所造诣,逐渐形成了全国规模最大的浮雕塔林。这些珍贵的塔林雕塑,被著名石窟造像专家宿白教授称为"宝山塔林"。

（二）建筑格局

灵泉寺的现存基址坐北朝南，按照中轴线依次布局有山门、天王殿、玉皇阁、大佛殿、普萨殿、千手千眼佛殿等建筑，这个有序的排列顺序基本上反映了佛教合一的文化理念。尽管如今这些建筑大多已经残破不堪，但从残存的基址中仍能够勾勒出当年寺庙的辉煌景象。这是一个追溯历史、感悟文化理念的过程，让我们能够在遗址中想象出灵泉寺昔日的宏伟景象。

灵泉寺最为人所称道的便是摩崖塔林，其位于安阳西 25 千米的灵宝山南麓崖上。因地势崇山峻岭，宝山塔林的每层塔龛都呈现出错落有致、不在同一水平线上的独特布局，总计有 156 座塔龛，其中 40 座还刻有塔铭题记。这些塔龛包括了灰身塔、支提塔、像塔、灵塔、散身塔、碎身塔、影塔等各式各样的名称。自隋至宋的历史时期，这片塔林被赞誉为"宝山塔林"，成为一处纪念性名僧墓塔群。其中的塔铭记载着来自豫北一带的宝山寺、灵泉寺、慈润寺、光天寺、大云寺、圣道寺、妙福寺、报应寺、圆藏寺等知名寺院的历史。这些已故僧人的称号涵盖了法师、论师、律师、禅师等不同职务。整个塔林的摩崖浮雕展现出独特风格，与著名的嵩山少林寺塔林南北相呼应，各具特色。

西北处的遗址上，现存一对单层方形石塔，每座塔高 2.5 米，塔顶呈覆钵状，塔身则呈束腰状，整体造型朴素而大方。这两座塔的雕刻形式符合佛教一身清净的原则，四面雕刻着卷叶状纹饰。特别是西塔，即道凭法师的灰身塔，其塔铭上刻着"宝山寺大论师道凭法师烧身塔"以及"大齐河清二年三月十七"的题记。在灵泉寺天王殿后面，还有一对唐代九级方石塔，同样具有极高的艺术价值。一般的佛塔雕刻均取材于佛经故事，技法单调，少有生活情趣。但唐代的佛雕却是有情于天下，世俗味生活味十足。佛雕反映的生活场景是乐伎表演，这些乐伎持各种乐器，神色生动，姿态优美。

（三）保护与开发

灵泉寺虽然早已不复存在，但遗址宏大，从中仍可以想见当年佛事兴盛的情景。寺院的后山，后世不断造佛立碑，一直持续到北宋末年，留下了数以万计的石刻佛像,被后世称为"万佛沟"。"万佛沟"山壁上的摩崖壁,密密麻麻的佛洞一个接着一个,有的是单佛,有的组佛,这些佛雕大都是隋唐时代修建而成,最负盛名的是大住圣窟和大留石窟。安阳在保护遗址文物的基础上,致力于整体旅游资源的整合,把灵泉寺遗址作为森林公园、人文景点和佛教圣地进行融合开发。

六、修定寺塔

(一)遗址概况

修定寺塔,俗称"唐塔",位于河南省安阳市西北30多千米的清凉山南麓修定寺内,现寺废塔存。南侧门楣上镌刻三世佛,又名"三生宝塔"。修定寺塔创建于北齐天保二至四年(551—553年),由大统法上法师主持建造。修定寺塔是一座单层方型浮雕砖舍利塔。塔由塔顶、塔身和基座三部分组成,通高20米,塔身高9.3米,塔身宽度8.3米。1982年2月23日,修定寺塔被列为第二批全国重点文物保护单位。

(二)建筑特色

修定寺塔是空心结构,却采用三面实壁,且塔壁较厚,最厚的有2.32米。南面开有拱券门。在垒砌方法上也使用了多种粘接材料。

修定寺塔塔基为北齐建筑,平面呈八角形,塔身平面为正方形。下为束腰须弥座,上为单层叠涩檐。全塔遍嵌模制琉璃花砖,形状有菱形、矩形、三角形及平行四边形等。所嵌高浮雕砖内容有真人、武士、侍女、飞天、伎乐、童子、力士、龙、虎、狮、天马、蟒蛇及花卉等,计有3775块。南壁开拱券石门,半圆形门额石上雕三世佛和弟子、菩萨、天王。门额正中嵌砌一铺首衔环兽面,铺首两边嵌砌青龙吞云和白虎喷水雕砖两块,两侧伴以猬发擒蛇力士。四隅装马蹄形团花角柱,两侧加滚龙攀椽副柱,塔檐出挑,覆钵式塔顶,上饰葫芦形塔刹。塔顶上置椭圆宝瓶,下为仰莲承托,塔习室用长方形小砖砌成。

修定寺的塔身四壁上部雕刻了砖雕图案,这一部分大致占据了塔高的四分之一。余下的部分则被划分成菱形小格,每个小格构成一个独立的单元,内部雕刻了各种人物、花结等多样的图案。塔身的四角装饰有角柱,角柱两侧密贴着由盘龙雕砖叠砌而成的框柱,每个柱面上都雕刻着精致的小型团花。柱身下方是石雕覆莲柱础,下为方座,上为覆莲,外露四对莲瓣。南壁设有辟拱券门,额头上有兽面镇守,券门内部左侧为青龙吞云,右侧为白虎吐雾。两侧侍立着四臂金刚,他们面容狰狞,浑身筋肉隆起,两手向上分别执兵刃,两手向下舞动,展现出强烈的勇武气息。通过这一塔身的雕刻,我们可以感受到其精湛的艺术工艺和雄奇的造型设计。全塔有不同图案和造型的雕砖 89 种,发掘和收集到的雕砖 30 种,共计119 种。

(三)历史价值

修定寺的建立可以追溯到北魏孝文帝(元宏)太和十八年(494 年)。可惜的是,清末时期,该寺遭到毁坏,如今唯一幸存下来的是一座佛塔。这座佛塔是修定寺的唯一遗存,见证了寺庙的兴衰历程。修定寺塔的四壁雕砖经过巧妙设计,采用了多种精湛的嵌砌方法。一些雕砖的背面烧有背椎,在嵌砌时通过将榫楔入墙内的方式,将素面砖压在背椎之上,从而确保了雕砖的稳固。另一些雕砖则根据其不同的厚度,首先在塔壁内层用素面砖构建各种凹槽,槽的深度与雕砖的厚度相等,这样一来雕砖就被巧妙地嵌入其中,使得它们紧密固定。而塔的四角柱则通过雕砖上的背椎相互搭连的方式进行嵌砌。这些巧妙的设计方法不仅保证了雕砖与内层砖的紧密衔接,同时也提升了整个塔壁的稳固性。虽然塔四壁由许多不同类型的雕砖嵌砌在一起,但雕砖与雕砖之间接触严密,不留缝隙。其形制与山东历城隋代神通寺四门塔大小、式样相近,并且造型华丽别致,饰面花纹精美独特,浮雕图案形象生动逼真,被考古学家誉为"真正的中国第一华塔"。

安阳修定寺塔是中国现存 3000 多座佛塔中创建年代最早者。修定寺塔的造型、结构、布局和工艺,为中国古塔之瑰宝,对中国古代建筑史、艺术史、民族史、宗教史的研究,以及建筑物的抗震防震,都有着重要的意义。

七、文峰塔

(一)遗址概况

文峰塔坐落于河南省安阳市古城西北隅,高达 38.65 米,周长达 40 米。最初建于天宁寺内,因此最初被称为天宁寺塔。后来,由于它位于旧彰德府文庙的东北方,成为当地"文风"的象征,因而得名文峰塔。文峰塔建于五代后周广顺二年(952 年),宋、元、明、清均经重修。清乾隆三十七年(1772 年),彰德知府黄邦宁为塔门楣额上题了"文峰耸秀"四个大字。1929 年复修时改为 7 层。2001 年,文峰塔被列为全国重点文物保护单位。

文峰塔五层八面。浮屠五级上有平台,下有券门,每层周围有小圆窗。塔坐落在一个高达 2 米的砖砌台基上。文峰塔的建筑,富有独特的风格,具有上大下小的特点。由下往上一层大于一层,逐渐宽敞,是伞状形式,这种平台、莲座、辽式塔身、藏式塔刹的形制世所罕见。

(二)建筑格局

文峰塔的塔身采用砖石构造,顶部覆以木质檐篷。这座八角形的塔身矗立在圆形的莲花座上,莲座分为上下两部分,共有 7 层莲瓣,它们在上下交错、左右舒展的布局中形成了一幅美妙的景象。这些莲瓣层层叠加,上部承载着塔身,下部则保护着塔基。塔身有 5 层重檐,从下往上逐级增大。塔刹属藏式喇嘛塔,为清代砌筑。

塔分三个部分:塔基、塔身、塔刹。塔基为八角地栿,上筑圆形扩张仰莲塔座。塔身立于圆形莲花须弥座上,呈平面八角形,各层较低矮,交错分布,有通风窗。塔身八角饰云龙柱,间隔为砖雕假圆门和直棂窗,门券浮雕为二龙戏珠。每面都有砖雕佛教故事的图像,造型美观,人物栩栩如生。南面为三世佛,中为释迦牟尼佛,左为弥勒,右为阿弥陀佛;西南面为释迦牟尼佛说法,迦叶、阿傩侍立左右,下为天王、力士护法;西面为悉达多太子降生,左右是王后出行仪仗,左下方为二龙吐水沐浴太子;西北为悉达多太子苦行,机灵的猴子、和顺的梅花鹿为佛衔花送果;北面为观音菩萨,善财、龙女左右胁侍,两旁护法神王守卫;东北为释迦牟尼佛结跏趺座,两旁飞天安然视听;东面为释迦牟尼佛涅槃,周围弟子神情悲伤,痛苦万分;东南面为波斯国王及王后侍佛闻法。八角檐斗拱外挑,层出外侈,檐斗用材较多,斗口较大,绿玻璃瓦扣合,各檐头均系有铜铃,微风吹动,铃声盈耳;塔门前有一平台,高 2 米,塔内每层有塔心室,进塔内攀塔顶,旋转登 72 台阶(壁内折上式),塔顶平台面积为 100 多平方米,可容纳200 余人,平台中央为 10.8 米高的喇嘛式塔刹,四周为 1 米多高的女儿墙。

(三)历史价值

1977 年 4 月,中国佛教协会主席赵朴初先生游览文峰塔后挥毫赋诗:“层伞高擎窣堵波,洹河塔影胜恒河。更惊雕像多殊妙,不负平生一瞬过。”文峰塔作为一种文化象征,活在安阳普通百姓的心中,已然成为安阳古城的标志。文峰塔历经千年岁月的洗礼,它不仅仅是古人心中的一座丰碑,同样也是现代人心目中的一座丰碑,一座承载了安阳文化传承和历史沧桑的丰碑。

八、汤阴岳飞庙

(一)建筑概况

汤阴岳飞庙,又名宋岳忠武王庙、精忠庙,位于河南省安阳市汤阴县岳庙街 86 号,始建年代不详,重建于明景泰元年(1450 年),分为岳飞庙古建筑区和岳飞纪念馆新馆区域,总占地面积约 18 100 平方米,是一处保存较为完整的明清古建筑群,豫北最大的古建筑群之一,中国三大岳庙(另两座是杭州岳飞墓、朱仙镇岳飞庙)之一。

汤阴岳飞庙坐北朝南,整体外观呈长方形,布局严谨有序。目前保存较为完整的建筑多属于明代风格,总共包括六进院落,庙宇内共有殿宇建筑 120 余间,构成了一处宏大的建筑群。这座庙宇不仅是对英雄岳飞的怀念之地,也是表达爱国情怀、进行爱国主义教育的重要场所。

1963 年,汤阴岳飞庙被列为河南省第一批文物保护单位。1995 年,岳飞纪念馆获得“全国爱国主义教育基地”称号。2001 年,汤阴岳飞庙被列为第五批全国重点保护单位,2006 年,被评为国家 AAAA 级景区。

（二）建筑格局

汤阴岳飞庙坐北朝南，外廓呈长方形，共有六进院落，主要由精忠坊、山门、御碑亭、正殿、岳母刺字祠、孝娥祠、岳云祠、四子祠、三代祠等遗存组成；东院内设有岳飞纪念馆，有地下一层，地上两层，基本布局为"序厅""瞻仰厅""生平厅""岳家军厅""岳魂厅""传承厅"六个展厅。在大殿两侧的东西庑中，设有岳飞史迹陈列室。大殿后院则包括寝殿、岳云祠、四子祠、岳珂祠、孝娥祠、三代祠等建筑。寝殿上方悬挂着现代书法家商向前、沈鹏等题写的匾额和魏传统等的楹联。在寝殿内陈列着一系列书法珍品，其中包括《出师表》的石刻，刻石数量达到了140余方。

山门檐下悬挂着一排巨大的匾额，上书有"精忠报国""浩然正气""庙食千秋"，这些是由当代书法家舒同、楚图南、肖劳亲手书写的。山门明柱上嵌有当代文学家魏巍所撰写的楹联："存巍然正气；壮故乡山河。"山门两侧还配有一副楹联："蓬头垢面跪当前，想想当年宰相；端冕垂旒临坐上，看看今日将军。"山门对面是施全祠，祠内供奉着施全的铜像，前石阶下摆放着秦桧、王氏、万俟卨、张俊、王俊五名奸党的铁跪像，呈现出一种镇压之势。踏入庙宇，古柏苍劲，碑碣林立。东边设有肃瞻亭，西边有觐光亭，而仪门前的两道高大的碑墙将这一区域划分为东、西两个小院。院中各有亭子一座，东曰"肃瞻"，西曰"觐光"。在这密布的碑刻中，不仅有明清帝王为岳飞庙谒祠的诗篇，还有明代对古庙重修扩建的纪实，更为丰富的是历代文人学士们为英雄歌颂的诗词和赞美歌赋。

（三）保护与开发

汤阴岳飞庙始建年代无考，旧庙在县南关外，明代金都御史徐有贞巡查汤阴，奏请改建城内，并赐额"精忠"；今址重建于明景泰元年，历代屡有重修。

汤阴岳飞庙是一处集古代建筑、名人纪念、书法艺术和爱国主义教育为一体的历史文化类人文风景旅游区。其纪念馆中收藏有岳飞唯一存世的手书原作《暂使下都夜发新林至京邑赠西府同僚》。当地在每年农历二月十五和腊月二十九还会举办两场岳飞庙会，其中二月十五转变成了当地纪念岳飞诞辰的传统节日。

2023 年,随着电影《满江红》上映,汤阴岳飞庙发起了熟练背诵《满江红》免费游景区活动、《满江红》观影票 10 元游岳庙活动。

九、马氏庄园

(一)建筑概况

位于安阳市西部 20 千米的西蒋村马氏庄园,是清末头品顶戴、广西广东巡抚马丕瑶的府邸。这座庄园被学者誉为"中州大地的封建官僚府邸建筑标本""中原官宅"。作为全国文物保护单位,该庄园同时获得国家 AAAA 级旅游景区、全国红色旅游经典景区、河南省廉政教育基地等荣誉。

马氏庄园的建立可以追溯到清光绪到民国初期,如今得以完好保存。马氏庄园也是中国近代百年历史风云的见证之地。1900 年,八国联军攻占北京,慈禧太后、光绪皇帝及一班护驾大臣逃往西安避难。1902 年 1 月,返京途中慈禧太后旅居于马氏庄园。解放战争时期,刘邓大军曾在这里设立临时司令部,庄园内仍可见到当时的陈设。

(二)建筑格局

马氏庄园占地面积超过 20 000 平方米,其中建筑面积达到 5000 多平方米,分为三区六路,每路设有 4 个庭院,总共设置了 9 道大门,因而被俗称为"九门相照"。整座庄园的布局严谨有序,错落有致,呈现出古朴典雅、雄浑庄重的风格。在建筑风格方面,既体现了典型的北京四合院的宽敞明亮,又融入了晋商大院深邃富丽的建筑艺术,同时展示了中原地区蓝砖灰瓦、五脊六兽挂走廊的独特建筑特色。

北区位于中街路北,坐北朝南,包括前后两个四合院,后院东、西各建一跨院,被称为"亚元扁宅"。这一区域多为硬山顶式的楼房,原为马丕瑶祖上的旧宅。在马氏四兄弟进行分家时,这一区域分给了次子马吉樟。在民国初年,马吉樟在任袁世凯总统府内史期间对此进行了翻修和改建。中区在整个庄园中规模最大,占据了三分之二的面积。位于南街之北,同样坐北朝南,包括家庙一路和住宅三路,共计 158 间建筑。家庙位于东侧,住宅区位于西侧,四路建筑各自成体系,左右互相呼应。南区与中区隔街相望,原计划有三路,但由于时局变化,只有东路在1924年建成,中、西二路则未能完成。南区东路坐南向北,同样是九门相照的格局,包括前后4个四合院。其中头进院和三进院较小,各建有二门和三门,门两侧各有2间廊房,东西厢房各为3间;而二进院和四进院较大,正房均为7间,东西厢房各为5间。南区的建筑规模和规格明显高于中、北二区,不仅体现在建筑体量的增加和门的增多上,还表现在对精美的石、砖和木雕建筑物的大量使用上。这一区域的建筑在设计和规划上更加自由,不再受到封建社会的规定和限制,这一区域在马氏四兄弟分家时分给了老三马吉梅。

家庙的正门下层设有三道拱券门,上方是一座包括五间读书楼的建筑。头进四合院东西两侧各有5间厢房,分别被命名为"东塾"和"西塾"。正房过厅有5间,采用悬山顶式设计,前后带有廊,建于高台基上,名为"燕翼堂"。后院的厢房各有3间,东侧被用作"遗衣物所",西侧被用作"藏祭器所"。正殿有5间,规模宏伟,名为"聿修堂"(即享堂),前面建有月台。这一建筑的规格和布局严格按照清光绪年间《清会典》的规定而建造,兴建于光绪六年至光绪十一年(1880—1885年)。

庄园的建筑均采用砖木结构,覆盖着灰瓦屋顶。屋顶的设计多样,包括硬山顶、悬山顶和平顶等多种形式。这些建筑既具有北京传统四合院的特色,又融入了中原地方民间建筑的元素,同时还展现了山西雕刻艺术的独特风格。另一个显著的特点是,正房和配房大多设有前廊,有些甚至前后均设有廊,形成了廊廊相连、院院相通的布局,尤其在雨雪天气时更加方便行走。

(三)历史价值

马氏庄园的建筑风格既体现了北京四合院宽敞明亮的特点,又吸收了山西晋商大院规格齐整的设计理念,同时融入了中原地区"蓝砖灰瓦、五脊六兽挂走廊"的建筑特色。马氏庄园不仅是清末民初的一部建筑杰作,某种意义上说还是一部融合儒学、书法、楹联、建筑、风水等中国传统文化于一体的百科全书。保护马氏庄园,对于研究中原宅院建筑艺术和清末民初的社会发展状况都有着重要的意义。

在历史的演进中,刘邓大军指挥所曾驻扎于马氏庄园,当年的办公室、会议室、粮仓以及刘伯承司令员和邓小平政委的居室保留完整,是优秀的红色教育资源。

十、袁林

(一)建筑概况

袁林,又称袁世凯墓或袁公林,坐落于安阳市北关区胜利路洹水北岸的太平庄。太平庄南临洹水,北望韩陵,东接御道,西依京广。袁林的建造始于 1916 年 6 月,于 1918 年 6 月竣工,占地面积超过 9 万平方米。这是清末民初著名的政治、军事人物袁世凯及其夫人的墓葬,体现了中西合璧的建筑风格。在 1915 年,袁世凯复辟帝制,建立"中华帝国",自称为"洪宪皇帝";然而,由于内外交困,1916 年 3 月,袁世凯被迫宣布恢复中华民国。1916 年 6 月,袁世凯患尿毒症离世。中华民国政府依照袁世凯"扶柩回籍,葬我洹上"的遗愿,没有将袁世凯葬于老家河南项城,而是在安阳洹上村东北的太平庄北侧兴建了袁林,将袁世凯安葬于此地。

(二)建筑格局

袁林建筑群采用了仿照明清帝陵的建筑形制,虽规模稍小,但袁氏墓冢却以独特的欧式风貌脱颖而出,模仿了美国第十八任总统格兰特濒河庐墓的形制,内部采用水泥结构,外部砌有石墙。整个建筑群包括照壁、牌楼、碑亭、东西配殿、景仁堂、墓台等建筑,以神道为中轴,分布有序。建筑布局严谨、错落有致,既保留了我国传统建筑规制,又吸收了西洋建筑的风貌,形成了中西合璧、风格迥异的陵园建筑特色。

(三)历史价值

袁林于 1982 年 11 月被河南省政府列为文物保护单位,2013 年 3 月入选全国重点文物保护单位。2018 年 12 月 25 日,袁林景区通过文化和旅游部景观质量评审,成为国家 AAA 级旅游景区。

袁林陵墓遵循明清皇陵的格局,融合我国古典建筑规制和西洋建筑风貌,是我国陵墓建筑史上的创新之作,具有较高的历史、艺术和科学价值。

第五节 博物馆纪念馆

安阳现有公共图书馆 11 个,文化馆 14 个,美术馆、妇女儿童活动中心各 1 个,工人文化宫 3 个,各类大型体育场馆(健身中心) 11 个,各类博物馆、纪念馆 17 个。

中国文字博物馆入选 2023 年度全国百大热门博物馆榜单;中国文字博物馆《文以化人 字以载道——中国文字博物馆续建工程基本陈列》、曹操高陵遗址博物馆《往事越千年——曹操高陵历史文化展》入选 2023 年全国博物馆年度热门基本陈列展览百大榜单;安阳博物馆《从殷墟到大邑商——新时代殷墟考古新发现成果展》入选 2023 年度文博行业 100 个热门展览。

一、殷墟博物馆

殷墟博物馆位于河南省安阳市,坐落于甲骨文发祥地、中国考古学的诞生地、历史遗址类型的全国重点文物保护单位殷墟遗址之上。

殷墟博物馆较为系统地展示了殷商文物,该馆严格按照科学、安全、环保、符合标准的理念进行规划设计,同时尽可能保证与殷墟遗址景观相和谐。从空中俯瞰,博物馆的外形宛如甲骨文中的"洹"字,寓意殷墟地区紧邻洹河,强调洹河对殷商文明发展的重要贡献。该馆展示了殷墟挖掘出的系列珍贵文物,包括青铜器、陶瓷、玉器和殷墟甲骨等极具价值的国宝级展品。

二、殷墟遗址博物馆

殷墟遗址博物馆位于河南省安阳市洹河北岸,毗邻殷墟遗址核心区,与殷墟宫殿及宗庙区隔河相望,占地面积 17.9 万平方米,建筑规模 5.1 万平方米。2020 年 11 月 23 日,殷墟遗址博物馆正式开工建设。2024 年 2 月 26 日,殷墟遗址博物馆对公众开放。

新中国成立之后,殷墟出土的文物数量超百万件,其中珍稀文物就有

5 万余件。殷墟遗址博物馆内设殷墟考古发掘史展厅、殷商社会生活史展厅、出土遗迹厅、精细考古实验室、甲骨文厅、玉器厅、青铜器厅等。殷墟现有文物展示区陈展面积不足 1500 平方米,新展馆将全面展示殷墟丰富的文化内涵,可满足殷墟文物考古、收藏、保护、展陈需求,兼具科研、教育、服务等智慧博物馆功能,可以向世人集中展示殷墟文明及考古发现的重要成果,将成为国际先进的文物展示中心、文物考古研究中心和文物保护基地,将成为国际交流、文化产业创新与智慧化博物馆的新平台。

三、中国文字博物馆

中国文字博物馆位于河南省安阳市人民大道东段 656 号,是一座集科学研究、文物保护、陈列展示等功能为一体的国家级博物馆,同时也是中国第一座以文字为主题的博物馆。2009 年 11 月,一期工程竣工,中国文字博物馆正式开馆。2022 年 11 月,中国文字博物馆全面建成,汉字公园对外开放。

中国文字博物馆的核心展览以汉字为中心,同时重视展示中国各少数民族的文字。该馆采用精心策划的布局、科学的展示方法和现代化的展览技术,荟萃历代中国文字样本精华,展示出中华民族一脉相承的文字,凸显中华文明绵延辉煌。藏品年代从新石器时代至今,包括甲骨、青铜器、陶瓷器、玉石器、竹木器、碑碣、书法等多种门类,将汉字的发展和演化过程展现得淋漓尽致,是中华汉字文化的科普中心、全国科普教育基地,也是爱国主义教育基地。

2022 年,中国文字博物馆续建工程由"博文馆""徽文馆"组成,与主馆"宣文馆"形成映照互补,增设了"字里乾坤""字书琼林""书苑英华""汉字民俗"四个专题展览,更加重视文字的应用体验,构建了更为系统、完整的中国文字文化陈列体系。

四、安阳博物馆

安阳博物馆属于地方综合性历史博物馆,是河南省内建立较早的地级市博物馆之一,位于河南省安阳市文明大道 436 号两馆大楼西。安阳博物馆总占地面积20 000平方米,展陈面积5000平方米,共有8个库房、7个展厅。

安阳博物馆藏品以安阳地区自然、历史、艺术类文物、标本等为主,馆藏文物10万余件,包括化石、陶瓷器、金属器、货币、书画、甲骨、玉器及近现代文物等类别,时间上起旧石器时代,下迄现代,殷商时期、北朝到隋唐、明清时期的文物最具特色。

五、曹操高陵遗址博物馆

曹操高陵遗址博物馆位于河南省安阳市殷都区安丰乡西高穴村,是一座以文物收藏、研究、陈列展示、宣传教育等为一体的遗址类专题博物馆。该博物馆于2023年4月27日正式举行了开馆典礼,并于4月29日向公众开放。

曹操高陵遗址博物馆以三国时期崇尚的黑、红为主色调,外观上借鉴了汉代建筑深出檐的特点,营造出恢宏大气的建筑形象。为最大程度地保护历史文化遗产,在其上方设置了钢结构的保护棚,其横向跨度达到120米,纵向跨度达到140米,同时在施工过程中采用了巨型桁架钢结构平移技术,使其与文物本体实现"零"接触,在国内属领先水平。

曹操高陵遗址博物馆分为陪葬品展示区、遗址展示区、博物馆展示区。其中遗址展示区建筑面积为18 488平方米,由陵前建筑遗址、神道遗址、垣墙遗址、围壕遗址、南侧建筑遗址、曹操陵墓组成。博物馆展示区陈列了超过500件文物,设置有两处大型场景和11处多媒体。整个展览立足于考古发掘,在历史文献的基础上,首次利用文物、场景、多媒体等相结合的展览语言,将魏武雄风首次全面、系统地呈现在公众面前。

六、红旗渠纪念馆

红旗渠纪念馆位于林州市,是为庆祝林县人民建造红旗渠的历史成就,纪念林县人民"自力更生,艰苦创业、团结协作、无私奉献"的红旗渠精神而建立。1975年在红旗渠主干渠的分水闸处建立了一个纪念亭,后于2000年对其进行扩建并更名为红旗渠纪念馆。

红旗渠纪念馆以红色为主,形如灵动的渠水,展馆分为"序厅""旱魔""奇迹""丰碑""梦想""精神"6个部分,涵盖了2000多件珍贵文物及声、光、电、视频展示场景,对当时十万人民奋战太行的震撼场面进行了立体式还原。红旗渠纪念馆占地面积6300平方米,展场为4000平方米,展线长度515米,包括电子签名1组、振动平台1组、沙盘2组、投影2组、场景4组、灯箱5组、触摸屏6组、雕塑9组、展柜15组、图片300张、实物1000件、真实山体塑型1290平方米。红旗渠纪念馆融合了雕塑、绘画、灯光设计、影视制作、多媒体创作、摄影、空间设计以及场景模型制作等8种艺术手法,以此对红旗渠精神进行全面的展示。

七、谷文昌纪念馆

谷文昌,河南林县人,从1950年开始在福建省东山县担任县委书记10年,带领群众艰苦奋斗由此改变了东山的面貌,受到广大群众的尊敬。2015年1月,习近平总书记在中央党校县委书记研修班学员座谈会上谈到谷文昌的先进事迹时指出,"他一心一意为老百姓办事,当地老百姓逢年过节是'先祭谷公,后拜祖宗'"。2015年6月,习近平总书记在会见全国优秀县委书记时指出,焦裕禄、杨善洲、谷文昌等同志是县委书记的好榜样。

谷文昌纪念馆位于林州市石板岩镇太行大峡谷内,南湾村西侧,南面靠山,北俯露水河。作为安阳市级廉政教育基地,谷文昌纪念馆与谷文昌故居遥相呼应,成为广大党员干部静思冥想、洗心补钙的精神圣地。谷文昌纪念馆于2019年5月建成并投入使用。

八、扁担精神纪念馆

扁担精神纪念馆位于林州市石板岩镇中心广场,旨在纪念20世纪40年代在河南省林县太行山区,由中国共产党领导的石板岩基层供销合作社所倡导的"扁担精神"。这一精神体现在合作社的干部和员工用坚强的肩膀承担起连接城乡的责任,凭借坚忍不拔的精神,跨越山岭,穿行乡村,为当地民众提供生活必需品。这种精神彰显了他们的艰苦奋斗、节俭经营、全心全意为民众服务及创新开拓的品质。扁担精神的影响已远远超出了林州甚至河南,成为全国供销合作社系统的一笔宝贵精神财富。

　　1996 年,石板岩供销社建立 50 周年,安阳市委、市政府专门召开弘扬扁担精神现场会,号召二次创业。林州市供销社和石板岩供销社向全国供销总社和省供销社打报告,要求重新建设扁担精神展览馆。因当时供销社条件有限,因陋就简,建立扁担精神陈列室。2012 年,全国供销总社发布《关于进一步加强供销合作社文化建设的意见》,林州扁担精神纪念馆开工建设,并于 2013 年 6 月底竣工。扁担精神纪念馆展出图片480 余幅、实物 160 余件,图文并茂,声光电结合,真实再现了石板岩供销社勤俭办社、一心为民的创业过程和林州市供销社弘扬扁担精神、改革发展创新的奋斗历程。

第六节　非物质文化遗产

一、非遗资源概况

　　截至目前,安阳市国家、省、市、县四级非遗项目共计 684 项,其中国家级非遗项目 7 项(安阳县淮调、滑县木版年画、汤阴县跑帷子、内黄县落腔、滑县大弦戏、滑县二夹弦、滑县大平调),省级 59 项,市级 170 项,县级 448 项。

　　安阳县安丰乡渔洋村,林州市任村镇任村,石板岩镇朝阳村、漏子头村、草庙村、梨园坪村、南湾村等 7 个村落入选国家级传统村落名录;安阳县蒋村镇西蒋村,林州市石板岩镇王相村,林州市任村镇盘阳村,林州市五龙镇中石阵村、七峪村等 5 个村落入选省级传统村落名录;同时,安阳县的曲沟镇(以抬阁闻名)和内黄县(以绘画著称)被授予"中国民间文化艺术之乡"的称号,安阳县的昌村镇(战鼓)、内黄县的马上乡(狮舞)和龙安区的龙泉镇(抬阁)则被命名为"河南省民间文化艺术之乡"。总体而言,安阳非遗项目体系较为完整,涵盖了曲艺、文化空间、民间文学、民间手工技艺等项目,种类丰富,发展潜力较大。

二、重点非遗资源

(一)戏曲资源

安阳戏曲资源丰富,历史悠久,文化底蕴深厚。现有戏曲剧种 13 种(豫剧、曲剧、坠剧、大平调、大弦戏、二夹弦、淮调、落腔、四股弦、大锣戏、木偶戏、皮影戏、林州落子),国家级戏曲类非遗项目 5 个(大弦戏、滑县大平调、二夹弦、淮调、落腔),省级戏曲类非遗项目 6 个(内黄大平调、滑县罗卷戏、坠剧、大锣戏、四股弦、木偶戏),市级戏曲类非遗项目 7 个(豫剧崔派艺术、内黄皮影戏、林州落子、龙安四股弦、滑县马寨大平调、滑县徐营皮影戏、滑县耿范皮影戏)。

安阳目前有 9 个国有戏剧表演团体,包括安阳市崔派艺术研究院、林州市豫剧一团和二团、汤阴县豫剧团、内黄豫剧团、落腔剧团、大平调剧团、安阳县豫剧团和淮调剧团。此外,文化部门批准的私营剧团有 40 余家。安阳戏剧从业人员总数超过 1800 人,这些剧团年均演出超过 1.1 万场,涵盖的剧目大约有 200 多个。

(二)传统美术类资源

传统美术类非物质文化遗产国家级 1 项(滑县木版年画),省级 4 项(内黄李新张木版年画、苏奇灯笼画、汤阴剪纸、烙画),市级 36 项。

(三)传统手工技艺类资源

传统手工技艺类非物质文化遗产省级 2 项(郑家粉坊粉皮制作技艺、大槐林腐竹制作技艺),市级 38 项。传统美术、传统手工技艺类非遗资源,每年参加安阳举办的"新春民俗文化展""航空运动文化旅游节文化产业精品展",成为安阳展会精品资源,同时,组织这两类项目参加全国各种展会、深圳文博会、厦门文博会、山东非遗博览会等节会,展示了安阳的非遗形象。

(四)传统舞蹈曲艺类资源

传统舞蹈类、传统曲艺类非物质文化遗产资源丰富,跑帏子(国家级)、花棍舞(省级)、曲沟抬阁、吕村战鼓、竹马舞、内黄狮舞、龙泉抬阁、二鬼摔跤、河南坠子、快板、相声等演艺资源,适合舞台动态表演。每年安阳文化大舞台、安阳百姓大舞台均邀请这些演艺类项目参演,并参加全国各类民间艺术展演,广受好评。

三、主要非遗传习基地

安阳现有省级非遗研究基地 1 个(安阳师范学院),省级非遗社会传承基地 1 个(市工人文化宫),省级文化生态保护区 1 个(滑县木版年画生态保护实验区),省级非遗示范展示馆和传习所 5 个(汤阴县非遗展示馆、林州四股弦传习所、汤阴古贤镇支村跑帷子传习所、滑县民俗博物馆、大运河非物质文化遗产展示馆),非遗就业扶贫工坊 5 家(内黄老槐林腐竹、安阳捋面制作技艺、百旺道口大曲、红薯粉条加工坊、故道家坊中原棉手工技艺坊)。

四、非遗传承人

安阳域内国家、省、市、县四级代表性非遗传承人共 477 人,其中国家级代表性非遗传承人 7 人,省级 56 人,市级 105 人,县级 309 人。2021 年8 月 12 日,成立安阳市非遗保护研究会,研究会已汇聚全市 100 余名非遗传承人,以及非遗保护专家。研究会的成立为安阳非遗保护传承理论研究和非遗保护传承经验交流奠定了基础,为实现安阳非遗项目优势互补、合作共赢搭建了平台,拓展了发展空间,将对安阳非遗保护传承研究和开发利用,提升非遗保护传承水平产生积极影响。

五、非遗活动

(一)"非遗进校园"活动

2020 年以来,安阳共举办 50 余场"非遗进校园"活动,直接惠及在校大中小学生 20 000 余人次。安阳师范学院、安阳工学院、安阳职业技术学院 3 所高校和文明大道小学将非遗特色项目纳入教学课程。安阳市八中、安阳市育才小学等 10 余所中小学,开设延时课堂非遗兴趣班,不仅丰富了教学内容,而且有效促进了学生对安阳非物质文化遗产的了解,拓宽了学生的知识面。

(二)"非遗进景区"活动

林州万泉湖景区举办"2021年安阳市非遗展示活动暨淇淅万泉非遗街开街活动"。43家非遗项目免费入驻万泉湖景区,吸引了7万余名游客参与互动,提升了非遗活动的民众参与度和社会认可度。在殷墟开展"文化遇见文化·非遗走进世遗"系列活动,使游客可以在游览殷墟领略殷商文明的同时,体验安阳非遗技艺。

(三)"非遗进特色街区"活动

积极策划组织全市非遗项目走进老城网红街县前街、仓巷街、滑县道口古镇和乡村旅游示范村安阳县杜庄村等特色街区,已有33家非遗项目长期入驻安阳特色街区,200余种非遗产品已上架特色街区非遗商品零售区。

(四)"非遗进社区"活动

为了让非物质文化遗产走进社区、走进群众,让更多人了解"非遗"文化,学习"非遗"文化,助力"非遗"文化发展,2021年元宵节期间,安阳文峰区高阁寺社区举办"老相州里猜灯谜,古城复兴踏春来"元宵猜灯谜活动。2021年6月,安阳文峰区西大街街道办事处、南门西社区、安阳市三角湖公园管理站联合在三角湖公园广场举办了"出彩文峰人·情融西大街——安阳非遗庆百年"曲艺文化演出活动。不同群体都能参与的非遗活动走进社区,促进更多人了解身边的非遗技艺,努力实现人民的非遗,人民共享非遗。

(五)非遗宣传与传播

2020年以来,安阳的非遗民俗文化活动宣传展示重点放在每年"文化和自然遗产日"宣传活动的组织实施。与此同时,加大了网络新媒体对非遗的宣传力度,启动"云游安阳——身边的非物质文化遗产"实况网络直播活动。网络直播活动由安阳市委宣传部主办,安阳市委网信办、安阳市文化广电体育旅游局、安阳市融媒体中心承办,非遗文化传承人带领观众"云游"《周易》、跑帷子、麦秆画制作技艺、吕村战鼓、梅花拳、古琴制作和相州盘扣技艺、花棍舞、滑县木版年画等非遗项目,了解安阳传统非遗技艺,宣传推介安阳非遗文化。

第七节　特色餐饮

餐饮与地域文化是紧密相连的,它们之间相互影响、相互塑造,共同构成了一个地区的独特饮食文化。地域文化是一定地理区域内人们的生产方式、生活方式、价值观念、历史传统和社会制度等的总和,而餐饮则是地域文化的重要组成部分,承载了地域文化的特色、风情和内涵。

一、安阳平席

安阳平席是安阳传统宴席的最高规制,相传形成于明代,明清以来,经过广大厨师和民间美食爱好者的共同打造,形成了档次高、流行广且在豫菜中自成一派的安阳平席。中原菜肴博大精深,豫菜有着五味调和、质味适中的特点,安阳平席深得豫菜精髓,秉承儒家中庸平和理念,注重人体调整、饮食均衡,讲究营养价值,按照中原人的礼制和饮食习惯,共分四套菜品,每套八道主菜,寓意四平八稳、吉祥平安,故名平席。2022 年3 月,"安阳平席技艺"被列入安阳市级非物质文化遗产名录。

安阳平席共有八大类,包括果盘、凉菜、热菜、主食、汤等。安阳"平席"讲究四干、四鲜、四大件,"四干"指瓜子、花生等四样干果,"四鲜"为四样时令水果,"四大件"指整鸡、海参、肘子等四样主菜。

清代光绪时期以后,安阳平席以其独特繁盛的菜品、别具一格的上菜形式,成为官府接待、工商宴请的首选,安阳平席也被民间俗称为"官府菜",全宴冷荤热肴、主食带汤。安阳平席在上菜规制上讲究以大带小,即每道主菜上桌后,再紧跟着上两道配菜,两道配菜一定要随主菜的风味;上齐两道主菜之后,还要配一套点心和一盆汤,安阳人把这种上菜方式称为"带子上朝(殿)",寓意大富大贵。

二、百年妙真

"百年妙真"(妙真饭庄)始创于 1921 年,原名"荣庆饭庄",地址在安阳市老城区二郎庙口向东路北。后因女主人信奉道教,遂更名为"妙真饭庄"。1956年,国家进行社会主义工商业改造,实行公私合营,"妙真饭庄"并入国营食堂系列,成为安阳市一家餐饮品牌店,更名为"安阳市饮食服务公司国营第一食堂",地址在北大街中段路西。1980年改革开放初期,为恢复传统品牌老字号,公司决定将国营第一食堂在原址恢复妙真饭庄,1988年北大街改造,妙真饭庄由路西迁到北大街与甜水井街交叉口东北角继续经营。20世纪90年代公司实行承包制,由个人承包经营。2013年公司改制,由原安阳市饮食服务公司更名为国盛饮食服务有限责任公司,并将"妙真饭庄"经营权收回。2018年,公司将"妙真饭庄"迁移到市文明大道345号(原迎宾饭店),成立"百年妙真面馆",并向国家商标局申请了注册商标"百年妙真"。2021年2月"百年妙真"被河南省商务厅认定为"河南老字号"。

百年妙真自成立以来,主要以经营豫菜为主打产品,兼营民间宴席和风味小吃,主要菜品有"三不沾""紫酥肉""葱烧海参""细香碟上灶""安阳三熏"等,皆为顾客多点的安阳传统菜品。

三、盛德利

盛德利,1995年建店,经过20年的奋斗,获得"中国餐饮业优秀企业白金奖证书"和"改革开放三十年功勋企业家金质奖章"。盛德利先后荣获"安阳名店""安阳风味名店""河南名店""河南风味名店";9道菜品被评为"安阳名菜",6道菜品被评为"安阳风味名吃",11道菜品被评为"河南风味名吃",6道菜品被评为"河南名吃",3道菜品被评为"中华名小吃";被中国绿色品牌管理委员会评为"全国绿色营养健康型餐馆名店"。

四、特色菜品

(一)道口烧鸡

道口烧鸡是河南省安阳市的特色传统名菜之一,与北京烤鸭、金华火腿齐名,被誉为"天下第一鸡"。该菜品由安阳市滑县道口镇"义兴张"世家烧鸡店所创。道口烧鸡使用多种食补中药,陈年老汤加持,成品色泽鲜亮,状似元宝,香味浓郁、酥香软烂、味道鲜美。1981年被商业部评为全国名特优产品。

　　道口烧鸡的创始人名为张炳,清顺治十八年(1661 年)其以独门秘制八料——陈皮、肉桂、豆蔻、良姜、丁香、砂仁、草果、白芷使烧鸡风味别具一格,由此开创了闻名遐迩的"义兴张"烧鸡。在此后 300 多年的历史发展中,以"义兴张"烧鸡为代表的道口烧鸡不断发扬光大,逐渐衍生出"画宝刚""张全国""胡云张""张全友"等品牌,为安阳保留下了一份珍贵的民族饮食文化遗产。如今,"义兴张"第八代嫡传人、河南省非物质文化遗产代表性传承人张中海已经将"义兴张"烧鸡推向全国,成为安阳的一张美食名片。

(二)烩菜

　　烩菜是河南省安阳市的一种特色名吃,其品种丰富,以"海烩菜""上烩菜""行烩菜""砂锅海烩"等为典型代表,集中体现了豫菜风格。

　　安阳人对烩菜情有独钟。婚丧嫁娶、满月席、寿宴,几乎离不开烩菜。烩菜因种类繁多、配料齐全、汤醇味美、营养丰富,成为安阳家喻户晓的名菜。烩菜可以分为高、中、低档,上等的烩菜称为"海烩菜",配以海味,用料考究、制作精良;中等的烩菜称为"上烩菜",同样精工细作,只是用料较之"海烩菜"稍逊一筹;一般的烩菜称为"行烩菜",选料较为普通,价格比较便宜。

　　"海烩菜""上烩菜"烹饪技法要求较高且食材丰富精美;"行烩菜"更适合大众口味,价格经济实惠;"砂锅海烩"则是以烹饪工具为特色,借以砂锅的温度,最大程度激发食材的鲜美风味。可以说,烩菜已经融入了安阳人的日常生活,其汤鲜味美、食材丰富、营养均衡,从家庭餐桌到精美大席都少不了烩菜的身影。

(三)扣碗

　　扣碗同样是安阳人婚丧嫁娶不可或缺的美食,以肉类为主,先将食材炸至半熟,放入海碗内加料调味,二次加工蒸透即可。

　　安阳传统扣碗品种,域内不同乡镇略有不同。千刀酥扣碗:选上乘的后腿肉做馅,打匀上劲,炸至枣红色,香酥嫩滑,脆而不腻。腐乳肉扣碗:腐乳肉,选上乘肉质,口感香嫩而不油腻,可让人大饱口福。鸡块扣碗:白条鸡剁后腌制两小时,炸至金黄,上笼蒸透,骨酥肉烂,齿香回味。皮渣扣碗：精制红薯粉条煮制浆好，放入虾皮、葱、姜、蒜，蒸制而成，入口软糯，是安阳人必不可少的传统美食。肉丸子扣碗：精选上乘后腿肉做馅，拍打上劲，炸至金黄，外焦里嫩，香脆可口，老少皆宜。

（四）粉浆饭

粉浆饭是安阳人非常喜爱的传统饭食，原料是绿豆汁，但并非专门用绿豆制作，而是用绿豆粉皮的余料加工而成，再加上多种粮食，如黄豆、小米、花生，辅以白菜，兼用猪油熬制，往往配香油、香菜点缀，吃起来生津开胃，令人欲罢不能，酸、香、甜、绵的味道令人着迷。

粉浆饭虽然是"饭"，但往往还要搭配主食，安阳当地特色的锅贴、油条、酥烧饼都是首选，搭配食之更能品出粉浆饭酸甜可口、香醇浓郁的味道。粉浆饭，酸甜香适中，香而不腻，有健胃强脾、清热利尿之效。

（五）皮渣

皮渣是安阳非常独特的食品，主要原料有红薯粉条、红薯粉面儿，主要调料有蒜、姜、盐、花椒粉、虾皮、葱油、猪油等。皮渣的制作工艺相当考究，首先要准备一锅上好的高汤，淀粉辅以高汤充分搅拌，粉条要在沸水中稍微煮一下，但不能煮太烂，接下来就要将葱、姜、蒜、虾皮、十三香、盐等与淀粉、粉条充分搅拌，抓拌均匀，最后要放置在蒸蓖内，再用淀粉汁将其表面涂抹均匀，这样做是为了皮渣成型后表面光滑细腻，然后上大火蒸约50分钟，香嫩可口的皮渣就大功告成了。

皮渣的烹调方法多种多样，不同的方法带来各具特色的味道和美感。最常见的食用方法是做烩菜，将皮渣、肉丸、腐竹、白菜、土豆、蒜薹、鹌鹑蛋等食材烩在一起，做成一锅色香味俱全的鲜美烩菜。如果单拿皮渣做主要食材，可以做成香煎皮渣、海烩皮渣、炸皮渣等不同的菜品。香煎皮渣最受孩子们的欢迎，将皮渣切成薄薄的小方条，待锅中油热后，将皮渣放入油锅中煎，等皮渣披上一身金黄的铠甲，一道鲜香诱人的煎皮渣便可以上桌了。海烩皮渣则另有一番滋味，这种做法的关键在于熬制高汤，将皮渣切成小方块放入，直到皮渣变得全身透明，再加入一些青菜和佐料，比如蒜薹、豆芽、西葫芦、豆腐等易熟的食材，用旺火烧制两三分钟即可出锅。除了做烩菜、香煎皮渣和海烩皮渣，皮渣还可以凉调、清蒸、熬汤。用这些方法做出来的皮渣味道各不相同,各有风味,但无论怎么烧制,皮渣口感筋道、香而不腻、后味绵长,总会让人唇齿生香。

(六)炸血糕

传统炸血糕是用猪血混合荞麦面炸制后蘸蒜汁食用。相传清乾隆年间,安阳天逢暴雨,一连下了近十天,安阳地区的老百姓食不果腹,官府以荞麦应对饥荒,给安阳百姓发放了大量的荞麦种,由此,荞麦成为安阳人的主食。当时,安阳县有一位姓王的农民天天吃荞麦面,嫌其食之无味,尝试着将荞麦面制成荞麦糕,先用油炸再抹上蒜泥,令人食指大动,后来安阳地区都流行开来这样的吃法。这位王姓村民看到这样的吃法如此受人欢迎,于是又苦思冥想,进一步改进,不仅用猪油炸制荞麦糕,又用猪血掺在荞麦面中,沾着花椒面一起食用,吃起来味道更加鲜美。于是,他带领一家老小到安阳城内,在小西门里路南用大锅蒸制血糕,再用油炸,广受安阳老百姓的喜爱。从此,粗粮细作的炸血糕就在安阳大地上流传开来了。

(七)灌肠

灌肠是安阳市内黄县的一种传统特色美食,蒜灌肠色泽鲜艳,口感细滑,趁热吃味道奇绝,香辣诱人,软嫩可口。早在清咸丰年间,安阳县就流传开来灌肠的做法,首先要将猪肠子洗净,面粉与猪血的比例要做到六四开,加入秘制香料拌成汁灌入肠内,将肠子两头用细绳子扎紧,然后将其放入锅内煮熟;煮肠子时最关键的是要边煮边用锥子扎肠子排气,这样肠衣就不会被煮裂。

灌肠的吃法也多种多样,有趣的是,吃法不同叫法也不尽相同。比如凉调的灌肠,叫筲灌肠;油煎的灌肠,叫煎灌肠等。灌肠深受安阳人民的喜爱,夜市上随处可见灌肠的身影,其以消滞、补血、壮骨、健脾之功效,加之独特诱人的风味,令人欲罢不能。

(八)安阳"三熏"

安阳"三熏"指熏鸡、熏鸡蛋、熏猪下水,已有百余年历史。安阳"三熏"创始于1922年,邵金荣在安阳古楼后开设了"荣庆楼"熟肉店,主要经营香肠、肘花、熏鸡、熏兔肉、熏蛋等。邵金荣去世后,其外甥阎好德接手经营,改名"德庆楼"。阎好德继承了熏蛋、熏鸡的制作工艺,并且把熏制工艺扩大至猪下水,增加了花色品种,开发了熏猪肚、熏猪头、熏口条等熟肉,广受安阳百姓欢迎。

安阳"三熏"制作配料齐全,工艺精细。先将需要熏制的食品卤熟,放在熏笼上,在熏锅内点燃锯末(松木锯末最好)、柏枝、柏壳少许,用烟熏烤三四分钟翻动一次,使其受烟均匀,熏制品呈淡黄色或黄褐色为宜。熏制后,表面涂少许香油即可。安阳"三熏"光泽鲜亮,表皮干韧,烟浓郁,入口脆烂,肥而不腻。

(九)扁粉菜

扁粉菜是安阳的特色传统饮食,安阳居民最爱吃的早餐之一,是众多安阳游子惦念的家乡味道。扁粉菜以纯正红薯粉条为主料,配以豆腐、猪血、青菜等,铁锅熬制。

大骨高汤是扁粉菜的核心与灵魂,高汤质量直接影响扁粉菜的整体口感与味道。另外,辣椒油是每家扁粉菜馆的独门秘技,各具特色。扁粉菜的烹制较为简便,熬制高汤是第一步,随后将扁粉条下锅熬煮,再烩入时令青菜、猪血片、豆腐片。扁粉条在下锅之前应先用高汤泡 4~6 小时,这样可以保证扁粉条更好吸收高汤的味道和营养。

安阳人吃扁粉菜的习惯是一碗扁粉菜加上刚刚烙好的葱油饼,扁粉菜可以像自助餐那样无限续杯(安阳话叫添汤),店内大都还有免费的自磨豆浆。扁粉菜店遍布安阳大街小巷,名气较大的有"漳德扁粉菜""鱼刚扁粉菜""老西扁粉菜""黑龙扁粉菜"等,其实,每个安阳人心中都有一家属于自己的扁粉菜馆。

第八节　人文活动

人文活动一般指以人为中心,以人的社会文化活动为核心的各种活动,包括艺术、文化、传统节日、体育等。在这些活动中,人们通过各种渠道交流,从而促进人与人之间的互动,增强人们的文化素养,使社会更加和谐。

一、安阳殷商文化旅游节

安阳殷商文化旅游节已成功举办了13届,首届于1999年举办,是安阳文旅融合的一张闪亮名片,已经发展成为安阳市一项重要的节庆活动。安阳殷商文化节包括开幕式朝圣活动、文艺演出、彩车民间艺术巡游、甲骨文书法艺术展、摄影展、文物精品展、崔派艺术剧目展演、大中小学生文化艺术周、甲骨文书法艺术研讨会、中老年太极拳表演、滑翔伞优秀选手比赛、名优土特产品展销、对外经济技术交流、旅游观光等活动。

安阳殷商文化旅游节采取"政府主导、市场运作"的模式,政府策划殷商文化旅游节总体活动安排,加大宣传和招商力度,文旅部门推荐优秀剧目展演、稀有剧种展演,各类文化博览会及安阳文化产品展示会、收藏品交流会等多项具体活动都由招商企业专门负责商业化运作,赞助商、广告商、承办商、演出方共同合作,政府搭台,企业唱戏,多方共襄盛举,实现效益共赢。

二、海峡两岸周易文化论坛

海峡两岸周易文化论坛由河南省台办、安阳市人民政府主办,自2010年以来,已经成功举办13届。安阳是周易的发源地,海峡两岸周易文化论坛已成为祖国大陆与台湾共同研究周易文化的重要交流平台,也是两岸协力传承民族瑰宝的共同心愿,海峡两岸周易文化论坛致力于两岸同胞在传承与创新中华文化的道路上携手前进。

近年来,安阳以传承周易文化为核心,进一步推动论坛内涵、机制模式等方面的革新,将教育、航空、武术、文旅文创等系列活动纳入海峡两岸周易文化论坛的统筹范畴,力争使两岸交流合作呈现新局面,不断产出新成果。

三、安阳航空运动文化旅游节

安阳航空运动文化旅游节由河南省人民政府联合国家体育总局主办,河南省体育局、中国航空运动协会、安阳市人民政府承办,于2009年5月举办第一届,已成功举办15届。安阳航空运动文化旅游节逐渐发展成为包括跳伞比赛、滑翔伞比赛、航空模型大赛、直升机比赛等比赛项目的大型节庆活动,2021年还增加了航空表演、低空经济发展论坛、通用航空博览会等内容。

近年来,安阳市致力于建设国家通用航空产业综合示范区和全国民用无人驾驶航空试验区。以航空运动文化旅游节为契机,战略性规划并取得重大突破,带动通航领域快速增长。通过培育骨干企业,加大产业支撑力度,形成了北关区无人机产业园、林州航空体育旅游产业园、安阳县(示范区)通航装备制造产业园等合体发力的产业布局。这条综合通用航空产业链涵盖了教育培训、装备制造、会展活动、科研开发以及通用航空运营和航空旅游,使安阳在通航业务领域健康有序发展。

四、甲骨文识读大会

甲骨文识读大会由安阳市委宣传部主办,安阳市融媒体中心承办,旨在以汉字为媒、以文化为介,通过举办形式新颖、难度适宜的系列活动,让更多人在寓教于乐的趣味竞赛中了解甲骨文及其背后的故事,掀起学习宣传甲骨文、传承弘扬中华优秀传统文化的新热潮,助力安阳打造"殷墟甲骨文"品牌。

甲骨文识读大会分为海选、初赛、复赛、决赛4个阶段,不分年龄、性别、职业、地域,并邀请国内甲骨文和殷商文化方面专家学者组成专家库,编制数据库和题库。首届甲骨文识读大会于2023年年初举行,获得了众多网友市民的热烈响应,来自天津、江苏、安徽、新疆、广西等地的113 255名选手参与线上海选,进入复赛的600余名选手从全国各地走进甲骨文发现地殷墟,感悟汉字之魂,共赴甲骨文之约。

五、安阳桥古庙会

安阳桥古庙会是融民间艺术、物资交流、文化娱乐为一体的传统民俗文化盛会,庙会主会场位于安阳河两岸,南北、东西绵延3千米,覆盖周边十多条街巷。按照习俗,庙会当天,群众从四面八方赶来逛庙会、折柏枝、游袁林。安阳桥古庙会具有深厚的民俗文化底蕴,辛苦了一年的安阳人利用这一机会,享受着原汁原味的传统文化,品尝各类安阳小吃,购买各种手工制作的日用品,摩肩接踵,人间烟火,颇为壮观。

相传,安阳桥古庙会起源于明朝洪武年间,当时安阳桥南端有一座大王庙,每到农历正月十六这一天,人们从四面八方聚集到这里烧香磕头,同时伴随着有小摊贩、民间杂耍。安阳桥一带的船家、商家为保佑自己行船平安、事业兴旺,就兴起了农历正月十六叩头庙会。对于老安阳人来说,逛了安阳桥古庙会,春节才算圆满。

第四章 安阳文旅品牌上层建筑架构

2021 年 9 月,安阳市第十二次党代会报告指出,要全面落实文旅文创融合战略,加快推动优秀传统文化与现代文明的融合贯通、创新发展,打造文化传承创新示范区和区域文旅融合发展中心。安阳市紧紧围绕"殷墟甲骨文""红旗渠精神"文旅品牌建设,以点带面构建安阳文旅品牌矩阵,全力建设特色鲜明的国际旅游目的地城市。

第一节 安阳文旅融合发展战略

一、安阳文旅融合发展基础和现状

(一)文旅资源

安阳自然山水和人文景观齐具,是国家历史文化名城和中国优秀旅游城市,是文旅资源多样性非常丰富的城市,正着力打造"中华字都"、建设国际旅游目的地城市。现有世界文化遗产 2 处(殷墟、大运河滑县段)、国家级重点文物保护单位 26 处、河南省文物保护单位 80 处、博物馆和纪念馆 17 家;国家 A 级旅游景区 37 家,其中 AAAAA 级 2 家(殷墟、红旗渠·太行大峡谷)、AAAA 级景区 7 家(羑里城、岳飞庙、万泉湖、马氏庄园、中华古板栗园、汤河国家湿地公园、道口古镇)、AAA 级景区 21 家、AA 级景区 7 家。红旗渠·太行大峡谷被评为五钻级智慧景区,万泉湖、殷墟博物馆被评为四钻级智慧景区。现有国家级、省级研学教育实践基地 11 家,其中国家级研学教育实践基地 4 家(林州市红旗渠、中国文字博物馆、殷墟、岳飞纪念馆),省级 7 家(羑里周易博物馆、马氏庄园、安阳博物馆、安阳工学院民航科普教育基地、中国农科院棉花研究所科普研学基地、司母戊研学实践基地、安阳跃进渠红色教育基地)。截至 2022 年,安阳拥有国家级文化产业示范基地 1 家(河南安绣文化产业有限公司)、国家文化出口重点企业 1 家[中航御铭(安阳)科技有限公司]、省级文化产业示范基地 7 家。

(二)发展现状

截至 2019 年,安阳共有文化产业单位 3462 家,位居全省第 12 位,其中规模以上文化产业 32 家,规模以下文化产业 3430 家。从类别看,文化制造业单位 160 家,文化批零业单位 497 家,文化服务业 2805 家。从规模以上文化产业来看,2019 年,全市共有规模以上文化产业法人单位 32 家,其中文化制造业 12 家,文化批零业 12 家,文化服务业 8 家。规模以上文化产业营业收入 19 亿元,从业人员 4546 人(2020 年后数据市统计局暂未公布)。2021 年,安阳市游客接待量 4415.98 万人次,实现旅游综合收入 512.35 亿元,分别较 2020 年增长 61.24%、41.83%。2022 年全市接待游客累计 5315.25 万人次,同比增长 116.8%。2018 年至 2022 年,全市共接待国内外游客 1.9 亿人次,旅游总收入 1881.2 亿元。2023 年,安阳全年接待游客 6986 万人次,旅游收入 674 亿元。

近年来,安阳坚决贯彻落实习近平总书记关于殷墟文物保护重要批示和致甲骨文发现和研究 120 周年贺信精神,谋划实施了殷墟国家考古遗址公园、殷墟遗址博物馆、中国文字博物馆续建和汉字公园、安阳高陵本体保护与展示工程、古城保护整治复兴、市文体中心等 20 余个重大文旅项目,谋划"十四五"文化旅游储备项目 100 余个,投资体量近 1000 亿元,文旅文创融合发展的项目布局更加完善,为文旅文创融合战略实施打下了坚实的物质基础。在"十四五"乃及今后较长一段时期,这些项目都将为优秀传统文化传承弘扬、现代文化产业体系建设、文旅文创融合发展提供较大的发展空间和实现路径。

经过近些年的发展,安阳培育形成了一批特色旅游业态品牌,安阳入选携程旅行口碑榜最受欢迎红色旅游目的地、最佳户外旅游目的地、最受欢迎古都目的地,林州上榜最佳乡村旅游目的地。以红旗渠为代表,坚持"把红色资源利用好、红色传统发扬好、红色基因传承好",倾心打造精神高地、旅游胜地、培训基地、人气旺地,建成红旗渠干部学院、红旗渠企业家学院、红旗渠精神培训基地等,现已成为全国红色旅游桥头堡和爱国主义教育重要基地。研学资源丰富,研学旅行发展较早,拥有殷墟、红旗渠等国家级中小学生研学实践教育基地4个、农科院棉花研究所、马氏庄园等省级中小学生研学实践教育基地7个。近几年,通过加强研学营(基)地建设、开展研学教育精品课程评选、编制研学地方标准等,安阳研学旅行走在了全省、全国的前列,被誉为全国"研学标杆"。安阳实施了古城保护整治复兴工程,规划建设"一环、五景、三主题区",目前已建成仓巷街、县前街、城隍庙—高阁寺等3个历史文化街区,仓巷街、县前街成为网红打卡地,古城游成为安阳文旅的新亮点。全市共有省级以上乡村旅游品牌70余家,乡村旅游经营单位1000余家,"淇心小筑""院望""咪咕的店"等一批精品民宿出圈,特别是林州市石板岩镇策划构建"中国画谷",年接待超200万人次,旅游收入超8亿元。依托航空运动文化旅游节和林虑山国际滑翔基地等资源优势,融入文旅、研学元素,探索体育旅游新模式,开展培训、研学、空中观光旅游体验,安阳"航空运动之都"品牌越来越靓。另外,安钢工业园区的工业游、汤阴九头仙艾的中医药康养游以及殷都区马鞍山森林公园、滑县龙虎森林康养基地、林州花千谷森林康养基地的康养游已初具规模。这些特色旅游业态品牌的打造,为文旅文创融合战略的实施奠定了坚实的产业基础。

安阳滑县道口镇、林州市石板岩镇和黄华镇先后被评为河南省文化产业特色乡镇。河南红旗渠(集团)有限责任公司被评为第八批河南省文化产业示范基地。汤阴县汤河两岸夜间文旅消费集聚区、滑县道口古镇被评为河南省夜间文旅消费集聚区,滑县龙虎森林公园被评为河南省康养示范基地,林虑山国际滑翔基地被评为河南省体育旅游示范基地,林州市、滑县入围首批河南省文化和旅游消费示范县创建名单,连续4年授予安阳航空运动文化旅游节"中国体育旅游精品赛事"荣誉称号,林州市被评为国家第二批全域旅游示范区。

二、加强顶层设计,科学制定文旅产业发展规划

安阳市委、市政府高度重视文化旅游发展工作,近年来,先后出台

《安阳市建设华夏历史文明传承创新市总体方案》《安阳市关于大力发展旅游业打造国际旅游城的意见》《安阳市中心城区公共文化设施布局规划(2015—2020)》《关于培育新能源汽车及零部件、精品钢及深加工、高端装备制造、文化旅游四大千亿级产业的实施意见》《关于加快构建现代公共文化服务体系建设的实施意见》等一系列指导性文件。2020年8月，安阳文化旅游大会召开，《关于建设文化旅游强市的意见》发布，制定了八大专项行动计划。2022年，安阳市委办公室、市政府办公室颁布《关于印发〈安阳市落实"十大战略"的百条举措〉的通知》(安办〔2021〕13号)。2022年，积极吸纳《河南省"十四五"文化旅游融合发展规划》《黄河国家文化公园(河南段)建设保护规划》《郑州市大运河文化保护传承利用暨大运河国家文化公园建设实施方案》，编制了《安阳市"十四五"文化旅游融合发展规划》。

第二节　安阳文旅发展目标及品牌架构

一、安阳文旅发展目标

2020年8月，《中共安阳市委安阳市人民政府关于建设文化旅游强市的意见》明确提出：到2025年，将安阳打造成为全国有影响力的历史文化旅游目的地、文化旅游产业融合示范区，文化影响力、旅游吸引力、产业竞争力、环境友好力显著提升。到2035年，文化旅游空间布局更加优化、综合效益进一步提升，综合实力位居全省前列，初步明确了安阳文旅中远期发展目标。

2021年9月，安阳市第十二次党代会报告明确指出，要全面落实文旅文创融合战略，加快推动优秀传统文化与现代文明的融合贯通、创新发展，打造文化传承创新示范区和区域文旅融合发展中心，并提出了文旅融合发展区域领先要求，安阳文旅发展目标更加清晰规范。2022年5月，安阳市第十四届人民代表大会第六次会议政府工作报告中指出，要对标对表"十大战略、百条举措"，通过创造文旅热点、塑造文旅品牌、厚植文旅优势，深度推进文旅融合。

（一）安阳文旅发展"十四五"目标

《安阳市"十四五"文化旅游融合发展规划》明确提出：到2025年，文化传承创新示范区建设取得重大进展，文化和旅游深度融合，区域文旅融合发展中心建设取得重大进展；力争将安阳打造成为"世界文字创意之都"、国内著名的历史文化旅游目的地、红旗渠·全国山水人文研学标杆示范市、国际低空运动赛事首选地、汤阴"三圣文化"传承示范基地；公共文化场馆建设得到有效改善，公共文化服务设施网络全面覆盖、互联互通、便捷高效，管理、运行和保障机制进一步完善，城乡公共服务一体化建设成效显著，政府、社会协同推进的公共文化服务体系建设格局更加完备，基层公共文化服务内容更加丰富，服务手段更加多样，服务主体更加多元，服务效能显著提升；人民群众基本文化权益得到更好保障，享有更加充实、更为丰富、更高质量的精神文化生活；文化产业发展显著提升，全市文化产业总产值超过100亿元，增速达到全省前列，成为支柱产业；全市旅游业规模显著扩大，2025年年底，全市旅游业综合贡献占生产总值比重超过12%（全市游客接待量和旅游综合收入分别保持15%和20%年均增长），全市文化产业总值占生产总值比重超过5%，对经济社会发展的支撑作用明显提高，文旅融合发展区域领先，文化旅游综合实力位居全省前列。

（二）安阳文旅发展2035年远景目标

《安阳市"十四五"文化旅游融合发展规划》明确提出：到2035年，全面建成文化传承创新示范区，实现文化和旅游融合发展，建成区域文旅融合发展中心，安阳成为"殷商文化传承创新市"、红旗渠·国家级山水人文研学休闲度假区、国际低空运动文旅示范市，高起点培育"世界易都"品牌；文旅产业成为全市重要主导产业，文旅空间布局更加优化，产业竞争力、环境友好力显著提升，建成1~2个世界级文化旅游目的地，建成1~2个具有世界影响力的人文旅居乡村，位居全国旅游城市先进行列。

二、安阳文旅品牌架构

2020年8月,在全市文化旅游大会上,提出构建"两核三板块六组团"文化旅游发展格局。建设国际知名的殷墟、红旗渠·太行大峡谷两大文化旅游发展极核,建设主题鲜明的历史文化、山水度假、乡村休闲三大文化旅游特色板块,重点打造林州太行山休闲旅游度假组团、汤阴三圣文化旅游组团、内黄农耕祭祖文化旅游组团、滑县运河古镇文化旅游组团、殷都曹魏文化旅游组团、龙安彰武小南海文化旅游组团等六大文化旅游组团。

2020年12月,中共安阳市第十一届委员会第十三次全会通过的《安阳市国民经济和社会发展第十四个五年规划和二〇三五年远景目标的建议》,将"两核三板块六组团"文化旅游发展格局优化为"两核四板块七组团"文化旅游发展格局,增加了工业旅游特色板块和安阳明清彰德古城历史文化旅游组团。

(一)两大核心

建设国际知名的殷墟、红旗渠·太行大峡谷两大文化旅游发展极核;以世界文化遗产殷墟为核心,建设上古殷商文化旅游区,以红旗渠·太行大峡谷为核心,建设国际户外运动旅游区、世界人文山水城市。

(二)四大特色板块

建设主题鲜明的历史文化、山水度假、乡村休闲、工业旅游四大文化旅游特色板块。

(三)七个组团题材

打造安阳明清彰德古城历史文化旅游组团,围绕安阳古城保护整治复兴,重点加强仓巷街历史文化街区、西大街历史文化街区、城隍庙—高阁寺历史文化街区功能完善和服务提升。

打造曹魏文化旅游组团,围绕曹操高陵本体保护及综合配套设施建设,展现高陵深远的史学价值和社会价值。

打造彰武小南海文化旅游组团,重点加强南海泉核心景区综合治理、环水库绿道及景观提升工程、昆玉山景区提升工程。

打造太行山休闲旅游度假组团,重点围绕写生、研学打造中国画谷,创建大峡谷国家旅游度假区。

打造三圣文化旅游组团,围绕羑里城、岳飞庙、扁鹊庙,打造周易文化旅游产业园、精忠报国城文化休闲旅游区、中医艾灸体验区。

打造农耕祭祖文化旅游组团,围绕三杨庄·二帝陵文化旅游产业园,打造华夏儿女寻根祭祖的圣地和姓氏文化发源地。

打造运河古镇文化旅游组团,围绕大运河国家文化公园建设保护、道口镇国家历史文化名镇品质提升,全景展示运河古镇历史风貌和文化底蕴。

第三节 安阳文旅体制机制改革

安阳紧扣河南省委、省政府关于深化文化体制改革目标,积极探索安阳文旅特色融合发展模式,推进体制机制改革,激发文旅发展新活力。

一、加强文物大遗址保护,组建新部门

市本级将文物局升格为市政府组成部门,组建副县级的市文物考古研究院(市文化遗产研究院),组建市公安局文物保护支队,在市文化市场综合执法支队下设文物执法大队。成立正处级的殷墟管委会、副县级的安阳(曹操)高陵管委会,重组正县级的殷墟遗址博物馆(殷墟研究院)。

二、推进景区管理体制改革

2023 年 9 月,为落实省、市文旅文创融合发展战略,深化文物文旅管理体制改革,推进国有文物景区开展管理权、经营权的"两权分离",加快全市文旅文创融合发展步伐,实现文旅融合发展区域领先,安阳发布了《关于国有文物景区"两权分离"改革工作的实施意见》。

(一)总体要求

在习近平新时代中国特色社会主义思想的引领下,坚持新发展理念,以有利于文物保护为前提,以服务公众为目的,以彰显文物历史文化价值为导向,以本地文旅平台为主体,积极引进社会资本,推进文物价值高、

区位环境优、保护措施好的国有文物景区开展管理权、经营权"两权分离",激发文化遗产活力,丰富文旅业态模式,进一步发挥文物在讲好安阳故事、打造精品路线、助推文旅文创融合发展中的引领作用,提升安阳在塑造"行走河南·读懂中国"文旅品牌的吸引力、影响力。

(二)基本原则

1.坚持依法依规

要坚守文物本体不作为资产抵押的法律底线。落实政府主体责任和部门监管责任,明确文物保护单位管理、经营权责及主体。核定为文物保护单位的属于国家所有的纪念建筑物或者古建筑,除可以建立博物馆或者辟为参观游览场所外,作其他用途的,须按程序审批审核。

2.坚持政府主导

在坚持国有不可移动文物所有权不变、坚守文物保护底线的前提下,探索社会力量参与国有不可移动文物使用和运营管理。各级各部门要提高站位,加强协同配合,确保组织得力、高效推进。

3.坚持问题导向

要因地制宜,分类施策,不搞"一刀切"。全力破解影响文物事业持续发展、制约文物作用更好发挥的体制机制问题。

4.坚持创造性转化

通过"两权分离",积极探索、勇于创新,加强文物保护单位价值的研究、阐释和传播,完善基础设施、优化公共空间、提升服务品质,为文化强市建设提供更多动能。

5.坚持分批推进

按照"成熟一批、实施一批"原则,明确"一处一策",分期分批有序推进。逐步向有条件的各级文保单位推广"两权分离"模式,不断扩大文物保护单位开放数量和范围。

(三)主要任务

1.厘清各方权责

依法履行文物保护政府主体责任和部门监管责任。坚持谁管理谁使用谁负责,落实文物管理使用者直接责任。文物保护单位管理机构要指导经营主体依法履行文物安全直接责任和管理责任。

经营主体要自觉接受文物部门和管理机构的监督。在不违反《中华人民共和国文物保护法》等法律法规的前提下,与文物保护单位管理机构签订国有文物景区委托经营协议,明确双方权责、履约时限及违约罚则等内容,严格按照合同约定开展工作。

2. 明确人员管理

国有文物景区经营权移交后,管理机构在编人员工资及办公经费按单位性质及人员身份按相关政策予以保障,继续履行管理机构的职责;临时聘用、劳务派遣人员与原雇佣单位解除合同,经营单位按照能用尽用、保证人员队伍稳定的原则,继续与其签订劳务派遣合同;属于政府购买服务的公益性岗位人员,按有关规定执行。

3. 明确收支管理

由经营单位负责采取多种营销方式,扩大经营性收入。经营性收入由经营单位支配,优先用于景区日常管理维护、景区文旅产业发展及增加公司资本金。对运营投入周期长、见效慢的文物保护单位,要充分考虑运营承接主体的预期效益,在模式设置和合同约定中进行明确。

按照《中华人民共和国文物保护法》等法律规定,社会力量捐赠、捐助不得作为经营单位经营性收入,仍由管理机构按照"收支两条线"渠道负责管理。

4. 创新经营模式

属地政府和文物部门要严把经营主体质量关,对经营主体承接能力、资信状况、运营效果进行动态评估,选择有经验、有实力的社会资本开展合作。国有文物景区管理机构要加强文物价值研究阐释,挖掘文物在历史文化、民风民俗、经济社会等领域的价值意义,为展示利用和价值传播提供重要支撑。经营主体要积极引入市场理念,增强文创产品研发、生产、销售及运营能力,确保经济和社会效益同步提升。

鼓励管理机构和经营主体联合成立专门机构,培育和引进优秀专业人才,梳理、研发、提炼和推广专属IP。对文旅价值较大的国有文物景区要在产业链延伸、文创产品研发上下功夫,重点推介研学游、休闲体验游等精品文旅线路,逐步形成不单纯依靠"门票经济",甚至取消门票的经营方式。对一些体量规模小的文物保护单位要进行精准定位,结合片区、线路特点,提炼主题,与相关产业进行融合嫁接,做好配套服务。同时要盘活周边资源,扩大景区开放范围,形成联动效应。

目前,殷墟景区管理处由安阳市文旅集团接手运营,曹操高陵遗址博物馆由河南宿描曹操文化旅游发展公司运营,道口古镇和欧阳书院文化园初步实现了管理权与经营权分离,下一步将安排 9 处(韩王庙与昼锦堂、袁林、天宁寺塔、高阁寺、郭朴祠、安阳县城隍庙、许三礼祠、三官庙、钟楼)市直国有文物景区分批分期与市文旅集团签订委托经营协议。

三、推进国有文艺院团改革

全市 13 个国有文艺院团,除安阳市豫剧团和滑县大平调剧团、大弦戏剧团保留差供事业单位外,10 个县属剧团均转制为国有文化企业。2023 年事业单位重塑性改革中,安阳县戏曲(淮调)保护传承中心,滑县大平调剧团、滑县大弦戏剧团设定为公益二类事业单位,进一步加强非遗剧种保护。

四、出台支持文旅文创企业政策措施

2023 年 9 月,为进一步推动安阳文旅产业健康有序发展,安阳市出台支持文创企业发展的政策措施。

(一)支持文创市场主体发展壮大

对政策措施发布后新设立的文创企业,年经营额在 200 万至 300 万元规模的,经所在县(市、区)政府认定,由所在县(市、区)政府当年给予一次性奖励资金 3 万元;年经营额在 300 万至 400 万元规模的,经所在县(市、区)政府认定,由所在县(市、区)政府当年给予一次性奖励资金 5 万元;年经营额在 400 万至 500 万元规模的,经所在县(市、区)政府认定,由所在县(市、区)政府当年给予一次性奖励资金 10 万元。

鼓励文创企业升规纳统。对新纳入规模以上企业统计范围、正常生产经营,并履行填报义务的,经所在县(市、区)政府认定,由所在县(市、

区)政府当年给予一次性奖励资金20万元。支持小微文创企业发展,切实落实国家减税降费优惠政策。小微文创企业被评为国家、省级文创示范基地的,由所在县(市、区)政府当年分别给予5万元、3万元的一次性奖励资金。

(二)支持域外文创企业落地创业

国内、省内规模以上文创企业,在安阳市注册设立区域总部、研发中心、分支机构或知名文创设计大师工作室,并缴纳税收的,经所在县(市、区)政府认定,前3年按其对地方年贡献的100%由所在县(市、区)政府予以奖励,后2年按其对地方年贡献的50%由所在县(市、区)政府予以奖励。

(三)推动安阳文创品牌打造提升

坚持创新驱动,保护知识产权。大力推动资源创新、企业创新、市场创新和政策创新,积极支持文创企业申请专利,在文创产品设计、生产、包装、销售等环节,加大对侵权行为的打击力度,切实维护文创企业合法权益。

凡参加国内外文化创意设计比赛的本地文创企业,荣获国际级、国家级、省部级奖项,经所在县(市、区)政府认定,由所在县(市、区)政府当年分别给予最高20万元、10万元、5万元的一次性奖励。

文创企业承办国家级文创大赛、会议论坛及展览等活动需租用国有资源的,由所在县(市、区)政府在场馆租赁、食宿等方面给予优惠,最高不超过30万元;文创企业承办省级文创大赛、会议论坛及展览等活动需租用国有资源的,由所在县(市、区)政府在场馆租赁、食宿等方面给予优惠,最高不超过10万元;文创企业参加国家、省大型展会、交流推介等活动的,由市文广体旅局统一组织协调,提供帮助和便利。

(四)支持文创企业招贤聚才

符合"洹泉涌流"人才集聚政策的文创专业人才,一经引进,由文创企业申报,可享受人才公寓、保障性住房、生活补贴、购房补贴等相关政策。

第五章　安阳文旅品牌构建探索与实践

第一节　安阳文旅规划项目

一、以点带面，品牌项目为王

项目建设是工业经济的核心，文旅产业的发展同样必须坚持"项目为王"。文旅产业的大发展，离不开文旅项目的强支撑。安阳加大项目谋划力度，集中优势资源打造文旅精品，培育域内独有且具有广泛知名度与美誉度的文化和旅游品牌，为区域文旅产业的发展打下坚实基础。

安阳深入贯彻落实习近平总书记视察河南重要讲话精神和关于文化旅游融合发展的重要论述，坚持"文化引领、旅游带动、文旅融合、创新突破、协调发展、补齐短板"的总体思路，以保护传承弘扬殷商历史文化和弘扬传承红旗渠精神为主线，以全域旅游为主导，以重点项目建设为抓手，以打造千亿级文化旅游产业、建设文化旅游强市为目标，推动文化旅游产业扩容提质升级，构建安阳殷商甲骨文文化品牌，以点带面，推动建设文化传承创新示范区和区域文旅融合发展中心。

二、主要文旅规划品牌项目

1. 殷墟国家考古遗址公园项目

打造世界一流的考古遗址公园，建设宫殿宗庙展示区、洹北商城展示区、王陵与民俗文化展示区、考古学展示区、创意文化展示体验区、洹水文化景观带和协同展示区七大功能区。

2. 殷墟遗址博物馆项目

建设国际先进的文物考古研究中心和文物保护基地,国际先进的文物展示中心及中华文化国际交流传播平台,国际先进的旅游服务中心和文化产业创新平台。

3. 周易文化品牌项目

加强周易文化的研究转化,挖掘周易文化内涵,结合新时代发展需求创造性转化,提炼与社会主义核心价值观的深度契合点,通过召开海峡两岸周易文化论坛等文化活动,凸显《周易》对道家、儒家、佛家、兵家、农学、医学、建筑学、数学、物理学、天文学等的影响,展现《周易》"群经之首"的永固地位。

加快周易文化旅游产业园建设,构建奥易学术交流区、易趣文化主题公园、易风休闲旅游度假区、涵易文化体验街区、易养易居健康小镇,打造周易文化博览与休闲体验中心、世界周易文化研学旅游、东西方元典文化比较交流研究重要基地。

4. 安阳古城保护整治复兴项目

重点打造仓巷街历史文化街区、西大街历史文化街区、城隍庙—高阁寺历史文化街区,还原安阳古城历史风貌,传承安阳古城文化。

5. 广益工业遗产保护利用项目

广益工业遗产保护利用项目,又称殷墟国家考古遗址公园配套服务项目。对原豫北纱厂西式建筑工业遗产进行保护性展示,打造集文化、旅游、餐饮、休闲、娱乐、购物于一体的综合性特色旅游场所,形成以遗址展示、考古科研、文化创意、艺术社区等功能为主的文创产业集聚区。

6. 安阳曹操高陵本体保护及园林景观配套项目

建设遗址展示区、文物展示区、能源中心、本体保护展示工程及综合配套设施工程。

7. 中国文字博物馆续建工程和汉字公园项目

建设内容包括园林及庭院工程、海绵城市设计等,形成"汉字之源"

"汉字之美""汉字之变""汉字之韵""汉字之趣""汉字力量"6 个汉字文化展示园地,打造成为安阳的一张城市文化名片。

8. 三杨庄·二帝陵黄河文化大遗址公园项目

打造国家 AAAAA 级旅游景区、新型城镇化国家示范区、国家级文化产业示范园区、国家级文化科技融合示范区、全国研学旅游示范基地、全国休闲农业与乡村旅游示范点。

9. 精忠报国城项目

建设以岳庙牌坊广场、光雕长廊、说岳祠、小重山乐坊、满江红美食城、特色美食街等为支撑的休闲娱乐区,以岳飞纪念馆、岳家军寨等为支撑的文化体验区,以忠义一条街、仁孝亲子园、民俗艺术街等为支撑的主题生活区,打造集古庙参观、文化休闲、民俗体验、休闲商业、主题度假、美食餐饮、特色购物等多功能于一体的精忠报国城文化休闲旅游区。

10. 红旗渠研学营地项目

构建红旗渠青少年营地,包括红旗渠纪念馆公园项目、青年洞提升项目,重点进行景区入口区改造和红色精神研学培训中心(研学营地)、停车场、多功能厅(数字红旗渠)的建设。

11. 中国画谷项目

建设内容包括服务中心、写生基地、环境提升等。打造服务中心会展共享组团、艺术共享组团、住宿共享组团三大功能组团。进行苍溪花街、王家地等 20 家规模写生基地改造、"一街九胡同"艺术街区、写生主题公园、全域旅游服务中心等建设。露水河整治工程、露水河沿线 4 个村庄整体提升等。

12. 大峡谷国家旅游度假区创建项目

重点推进大峡谷景区提升、高端旅游民宿建设、度假区配套设施等。进行游览服务设施提升、旅游二消设施建设等;蓝城天空之境民宿、携程集团南湾民宿、小东沟民宿建设;西北环线及索道,太极山开发、太行屋脊景区提升等。

13.遇见太行文旅小镇项目

构建生态休闲、亲子运动、文创商旅三大板块,构建太行大峡谷文旅休闲度假品牌。

14.太行水镇文旅综合体项目

构建度假酒店区、文旅休闲街区、湖心岛林虑阁区、演艺区等。形成包含林虑阁湿地公园、高端度假酒店、古典风情商业街、第四代生态住宅的多元化文旅品牌。

15.林州全域旅游之美丽乡村项目

重点推进红旗渠畔慢生活示范带、茶店镇太行菊生态产业园、红旗渠指挥部盘阳旧址保护、红旗渠精神传承基地、乡村旅游示范村建设等。

16.小南海旅游区提升项目

实施小南海泉涌区、小南海水库区、彰武水库区的水环境治理和旅游基础设施提升等。突出"泉水"与"历史文化"两大特色,打造豫北乃至北方独特的涌泉人文度假目的地。

17.大运河文化带建设项目

重点推进滑县西纸厂特色美食(再生改造)项目二期、滑县大运河百工聚落及配套服务项目一期、滑县大运河宋船文化园等项目。

18.通航低空旅游项目

办好航空运动文化旅游节,建成中国低空运动大本营。完善林虑山、太行山国际滑翔基地建设,形成一站式竞赛、服务、旅游平台;打造以太行山为中心的户外运动大本营,重点打造林虑山、太行山国际滑翔基地、太行山运动公园、汤河国家湿地公园等国际户外运动基地;重点打造安阳航空运动学校—林虑山、太行山国际滑翔基地低空运动线路,林州庙荒村—太行山运动公园山地越野线路,汤阴羑里城—汤阴汤河国家湿地公园自行车、马拉松线路等3条体育旅游精品线路。

19.安钢园林化工厂项目

打造"公园式""森林式"园林化工厂,将钢铁工业遗存和新时代工业体改造成与自然、城市、文化相融合的景观典范,达到"工厂变公园、厂区变景区"的效果,成为集环保生产、文化旅游、绿色生态为一体的园林化工厂。围绕工业旅游主题,着力开发和推广钢铁工艺研学游、国企党建游、绿色生态园林游等独具安钢特色的旅游产品。

20.大云寺历史文化园

依托安阳滑县明福寺塔、欧阳书院和大云寺重建,展示大云寺历史文化。

21.文艺作品工程项目

结合重要时代命题和安阳文化资源,创作大型舞台剧目和小型实景演出剧。重点围绕殷墟景区,打造反映殷商文化的舞台剧目;围绕红旗渠精神,提质升级大型音乐舞蹈剧《走近红旗渠》、大型话剧《难忘红旗渠》等节目;围绕岳飞庙、羑里城、扁鹊庙景区,打造提升反映"三圣文化"的实景表演类节目。弘扬和发展"崔派"艺术、安阳县淮调、内黄落腔、滑县大平调、大弦戏、二夹弦等,建立安阳优秀剧目名录,推进珍贵艺术文献和传统剧节目数字化保存与传播;持续推进"舞台艺术送基层"、百场文艺惠民演出、戏曲进校园进乡村进社区等。

22.非物质文化遗产项目

组织非遗代表性传承人参加研修培训,提高非遗代表性传承人技能艺能;支持非遗传承人成立非遗传习所,择优申报一批国家和省级非物质文化遗产示范展示馆(传习所);拓宽人才培养渠道,鼓励支持高校毕业生参与非遗保护传承和志愿工作。重点推进国家级、省级非遗项目所在地建立非遗展示馆(传习所),结合重大节日庆典,开展跑帷子和吕村战鼓等非遗展示公共文化活动。探索发展潮品文创、研学教育、体验工作坊、特色民宿、乡村振兴产业融合。

23.重大文化基础设施项目

规划建设安阳市文化中心(大剧院、音乐厅、文化馆、科技馆、多功能厅),红旗渠公共服务中心(科技馆、城市规划展览馆、档案馆、会展中心、演播中心、青少年活动中心、大剧院、会议中心、政务中心、老干部活动中心等),安阳文化会客厅。

24.城乡文化惠民工程项目

培养新乡贤、乡村文化能人积极投身乡村文化建设,组建乡村文化人才队伍。整合专家学者、文化志愿者等社会资源,持续开展特色文化培训,开展"文漫乡间"行动,提升农民精神面貌,做好文化输血,实现文化造血。构建"一乡""一艺""一品""一景""一店"的乡村文化旅游产业发展融合新模式。以"我的家乡我代言"为主题,依托各级文化馆(站),采用微综艺新媒体节目形式,广泛发掘、培育一批优秀"乡村网红",推介乡村文化和旅游资源,引领乡风文明建设。

25.全域旅游公共基础建设项目

(1)全域旅游交通建设。推进沿太行山高速林州段项目,林州南部旅游通道(东线)采桑至五龙段提升项目,林州南部旅游通道(西线)原康至付村段改建工程项目,柏尖山景区旅游环线项目,红旗渠渠畔路项目,龙安区旅游道路(龙泉镇—善应镇、岭头村—祥和大道)项目,安新高速(安阳段)项目;推进内黄至林州高速(西北绕城至沿太行高速段),连通殷墟景区至红旗渠—大峡谷景区;推进郸城大道提升改造项目建设,连通市区至殷都区景区;提升老107国道(彰德路—铁东路)沿线市政道路建设,连通市区至汤阴县景区;推进曹操高陵至殷墟连接线建设,连接曹操高陵、殷墟、甄妃墓等景点;继续推动豫东北机场和云轨交通线建设。

(2)城市旅游交通建设。扩大共享自行车、电动自行车、电动汽车入驻安阳,解决旅游"最后一公里"交通问题,满足游客慢节奏观光、体验需求。

(3)旅游厕所提升工程建设。巩固旅游厕所革命新三年行动计划成果,大力开展旅游厕所对标达标建设,确保全部达到A级以上标准。

(4)自驾游服务体系建设。在林州、汤阴等建设自驾车旅游服务区、自驾车营地和汽车旅馆;太行大峡谷入口处增设大型智能停车场。

26.安阳智慧旅游项目

安阳市全域旅游平台加快旅游产业数据开发利用,为政府决策提供旅游大数据支持,为游客和旅游企业提供综合性、一站式服务,提高旅游业务综合管理和运营能力,创建优质旅游生态,提升旅游服务品质。

（1）云上安阳平台。全网全时推介安阳文旅资源,重点培育殷墟、红旗渠·太行大峡谷等云旅游、云直播,发展线上甲骨文、周易、考古等数字化体验产品。

（2）一部手机游安阳项目。构建以旅游大数据中心、游客服务平台和政府监管服务平台为支撑的全域旅游智慧平台,通过智能手机实现智能、健康、便利的安阳全域旅游。

第二节　安阳重点文旅品牌

一、殷墟可持续发展品牌

殷墟是人类文明的宝库,也是中华民族文化自信的重要源泉。安阳紧紧把握殷墟遗址保护重大历史机遇,全力融入河南省世界级遗址公园走廊建设,持续用力把殷墟打造成可持续发展的世界遗产地典范。

（一）加强建设,拓宽殷墟发展空间

1. 殷墟国家考古遗址公园

以"打造世界级博物馆和国际一流考古遗址公园"为目标,总规划面积 29.47 平方千米,预算投资约 150 亿元,建设周期 8～10 年。规划建设洹北商城展示区、宫殿宗庙展示区、考古学展示区、王陵与民俗文化展示区、创意文化展示体验区、协同展示区、洹水文化景观带 7 大功能区域。

2. 殷墟遗址博物馆

殷墟国家考古遗址公园的核心灵魂项目——殷墟遗址博物馆,主要向世人集中、全面展现殷墟高度发达的文明成就和新中国成立以后取得的丰硕考古成果。项目总投资约 10.6 亿元,占地面积 17.9 万平方米,建筑规模由现在的 1500 平方米扩大到 5.1 万平方米,从规模到展陈内容和方式都会有一个很大的提升。殷墟遗址博物馆将成为国家文化地标,并达到 21 世纪国内外同类博物馆先进水平,成为国际先进的文物考古研究中心和文物保护基地,国际先进的文物展示中心及中华文化国际交流传

播平台,国际先进的旅游服务中心和文化产业创新平台。殷墟遗址博物馆已于 2024 年 2 月 26 日对公众开放。

3. 殷墟宫殿宗庙区提质项目

该项目主要包括妇好墓展馆、甲骨坑馆等展馆改造提升;实施道路遗迹标识展示、花东 M54 标识展示、花东甲骨坑标识展示、屯南甲骨坑标识展示、制陶作坊标识展示、宫庙区建筑基址标识展示、祭祀坑群等展示提升项目。工程完工后,将提升现有展示水平,延续遗址的真实性和完整性,打造集入口服务、宫殿宗庙遗址展示为核心的殷墟遗产重点展示片区。目前已完成殷墟宫殿宗庙区和王陵区展示提升初步设计方案,整个工程计划于 2025 年建设完成。

4. 殷墟王陵区提质项目

该项目主要包括南入口广场新建、北入口广场改造、现状道路改造、王陵大墓地表展示、侯庄甲骨窖穴标识展示以及王陵区周边商代农业体验园、商代桑蚕纺织体验园、商代畜牧业体验园、古法制陶展示体验馆等。建成后将成为集殷墟遗产重点展示、乡村风情体验于一体的展现世界遗产地乡村复兴和产业转型的示范片区。当前已完成王陵区环境整治项目评审工作,整个工程计划于 2025 年完成。

5. 豫北纱厂活化项目

规划区域为豫北纱厂厂区,面积约 17.6 万平方米,预计投资约 5 亿元。通过打造国际会展中心、考古工厂、殷商文物国际数字展厅、考古科研教育基地等,满足殷墟今后长期的考古发掘、保护展示和文化交流等需要。项目定位为文旅考古休闲小镇,以殷墟国家考古公园遗址及原豫北纱厂工业遗产为依托,秉承殷商文化、中原文化、近现代工业文化的融入,打造城市休闲生活新方式,未来成为联动殷墟景区、袁林景区、洹河风景带的服务平台。当前大礼堂、招待所、工会楼、老干部活动中心、豫棉纺织厂餐厅、动力锅炉房、机修院内完成工程土建,进入内装阶段,整体项目计划于 2025 年建成。

另外,整个殷墟大遗址公园还谋划有后岗遗址展示区、武官民俗文化旅游村、洹河殷墟段景观整治、洹北商城展示提升、文旅新城等项目。

(二)丰富内涵,构建殷墟规模化展示体系

充分认识殷墟作为中华文明溯源的原点和基石,甲骨文作为中华文明传承基因,在探源文明中的重要作用。厘清"源流"关系,"源"即殷墟遗址,是"中华文化根脉""中华文明源头",是殷墟规模化展示的龙头和根;"流"即殷墟遗址博物馆、中国文字博物馆、广益佰年文旅考古小镇,是传承殷墟文明成果的重要载体。本着差异化、多维化展示原则,扩充展示内容、丰富展示手段,突出各自特色,构建规模化殷墟文化展示体系,让陈列在广阔大地上殷墟遗产、收藏在博物馆中的文物"活"起来。

1. 殷墟国家考古遗址公园规划展示

实施殷墟保护展示系列工程,提升现有殷墟宫殿宗庙遗址,殷墟王陵遗址展示水平,新增展示洹北商城、后冈遗址及近期新发现的王陵围沟等重要遗迹,精准阐释殷墟文化内涵,再现3300年前殷墟整体面貌和大邑商格局,解码商代都邑文明,全面展示殷墟作为中华文明溯源的原点和基石在中华文明探源工程中的重要地位和作用。

2. 殷墟遗址博物馆规划展示

重点展示殷墟自1928年科学发掘以来的出土遗迹、遗物,通过VR、AR、AI等多种展陈手段,讲好文物背后的故事,全面展示殷商时期社会生活的方方面面,使其成为中华文化国际交流传播平台和文化产业创新平台,国际先进、国内一流文物展示中心。

3. 广益佰年文旅考古小镇规划展示

突出"考古小镇"功能定位,以考古科学馆为依托,实现考古文化与研学旅游有机结合,通过沉浸式、互动式体验课程,科普考古知识,活化展示中国特色、中国风格、中国气派的考古学。同时,通过创新性改造设计,为游客提供餐饮、住宿、购物、娱乐等旅游配套服务,将其打造成为集考古科研、文化创意、旅游服务等为一体的国际考古旅游先行区,为千亿级文旅产业发展提供支撑。

4. 中国文字博物馆续建工程和汉字公园展示

侧重展示以甲骨文为代表的汉字魅力,突出展示出土于殷墟遗址的

甲骨文历年来的研究成果、文字本身所传达的历史信息以及3000年来的文化传承,使游客全面了解汉字之源、汉字之变、汉字之趣、汉字之美、汉字之韵,感受中华基因的传承魅力。

(三)线路互通,形成规模化联动效应

以殷墟国家考古遗址公园建设为抓手,拆除小屯村、武官村部分民房、蔬菜大棚,通过修建道路、洹河架桥等措施,连通殷墟宫殿宗庙景区—小屯村—武官民俗文化村—王陵景区—小营村—三家庄村—洹北商城遗址—大司空村—殷墟遗址博物馆—后冈遗址—广益佰年考古文旅小镇,使殷墟遗址内部核心展示区域连点成线、串珠成链,形成规模化联动效应。并通过文化上的"源流"关系,规划水路、陆路、水陆结合旅游线路,将文化空间和物质空间融为一体。

开通安阳红旗渠机场、火车站、汽车站到达各个景点的旅游环线公交线路。专门设计针对公众的1~3日满足"吃住行游购娱"的精品旅游线路,同时培养相关景点的综合业务导游。

(四)精心设计,打造殷墟研学游文旅品牌

深耕殷墟资源禀赋,围绕殷墟文化内涵,研发一批普及考古和甲骨文知识,兼具知识性、趣味性、思想性的研学实践活动课程。丰富研学实践教育活动内容,针对青少年、考古爱好者等不同群体,开发2~3条针对性强、具有影响力的殷墟研学实践精品线路。

依托殷墟遗址博物馆、广益佰年文旅考古小镇、中国文字博物馆、安阳师范学院甲骨文汉字文化体验馆等,丰富和拓展研学旅游内容,配备专用设施,将其建成具有良好示范带动作用的研学实践基地,增强公众特别是青少年的中华文明体验感。

(五)统筹规划,强化规模化宣传效应

1. 策划规模化宣传

针对殷墟文化的不同宣传主题,通过报纸、新闻、新媒体等多种途径,在较短周期内进行连续化、不间断的规模宣传,促使殷墟文化内涵的传播更深入、更广阔、更具影响力。实施数字化殷墟展示工程,以殷墟遗址、殷墟遗址博物馆、中国文字博物馆、广益佰年文旅考古小镇等核心展示内容

为依托,制作精品展览,在安阳市政府门户网站等重要网站投放,提升殷墟文化传播速度。

2. 加强节点宣传

利用中国文字博物馆、广益佰年文旅考古小镇、殷墟遗址博物馆、殷墟国家考古遗址公园等分年度次第开放的重要节点,加大宣传力度,营造"殷墟遗产人人保护、保护成果全民共享"的良好舆论氛围。

3. 加强立体宣传

与时俱进,在注重各级各类报纸、电视等传统媒体宣传的同时,进一步拓展创新传播手段,加强新媒体策划宣传,借助安阳融媒、安阳新闻网、文博中国公众号、视频号等新型传播手段,全力打造多维度、多视角、全方位、立体式大宣传格局,提升殷墟知名度、美誉度和影响力。

二、"红旗渠精神"文旅品牌

安阳林县人民在红旗渠修建过程中形成的"自力更生、艰苦创业、团结协作、无私奉献"的红旗渠精神,已然成为中华民族宝贵的精神财富。20 世纪 70 年代,周恩来总理自豪地对国际友人讲:"新中国有两大奇迹,一个是南京长江大桥,一个是林县红旗渠。"1974 年,参加联合国大会时,中国播放了纪录片《红旗渠》,震撼、感动了世界。2022 年,习近平总书记视察红旗渠时指出,"红旗渠就是纪念碑,记载了林县人不认命、不服输、敢于战天斗地的英雄气概","红旗渠精神同延安精神是一脉相承的,是中华民族不可磨灭的历史记忆,永远震撼人心"。

构建红旗渠精神文化基地,依托红旗渠纪念馆、谷文昌纪念馆、扁担精神纪念馆、跃进渠纪念馆、安阳革命史纪念馆、红旗渠干部学院、市委党校、安阳师范学院、安阳工学院、林州建筑职业技术学院、红旗渠廉政教育学院、红旗渠研学营地等单位,推动红色资源共建共享、红色教育研究互联互通,共同打造传承弘扬红旗渠精神的红色文旅教育品牌。

构建红色文化旅游基地,以红旗渠、石板岩镇、跃进渠、马氏庄园、林州烈士陵园、安阳烈士陵园、滑县晋冀鲁豫烈士陵园等为载体,寓教于游、润心无声,让游客追寻红色记忆,感受红色文化,传承红色基因。

（一）加快推进红旗渠申报世界文化遗产

目前，随着世界文化遗产申报机制要求变化，申遗标准不断提高，要求越发严格，竞争也空前激烈，每个国家每年只能申报一项世界文化遗产。安阳在各级有关部门高度重视和大力支持下，于2015年启动红旗渠申报世界文化遗产工作，并每年纳入市政府重点工作，在多方面取得了积极进展。

1. 强化保护与管理

《红旗渠保护总体规划》于2018年2月通过国家文物局批复，2020年6月经河南省政府公布实施。安阳市人大于2017年1月颁布实施《安阳市林州红旗渠保护条例》，于2022年完成立法后评估工作。林州市成立由市政府牵头的红旗渠保护管理联席会议制度，为红旗渠保护管理提供了坚强的组织保障。2016年成立安阳市红旗渠申报世界文化遗产工作领导小组，办公室设在市文物局，积极推动红旗渠申报世界文化遗产工作。2022年10月，安阳市政府办公室印发《安阳市"十四五"文物博物馆事业创新发展规划》，进一步加强对红旗渠的保护管理，推进红旗渠申遗。

2. 实施环境整治与维修

积极开展申遗区域环境整治，拆除违章建筑、封堵红旗渠沿线排污口，对河道管理和保护范围内厕所、生活和建筑垃圾等进行清理。深入开展"护渠"专项行动，严厉打击损毁红旗渠渠体、红旗渠配套设施，违规引水等危害红旗渠的违法犯罪行为，全力维护红旗渠的正常运营。编制《林州市红旗渠文物维修保护设计方案》，通过省文物局评审，申请2023年文物保护专项资金。

3. 加强与山西有关部门沟通

2017年，安阳市和长治市文物部门召开了两次晋豫两省文物部门红旗渠联合申遗工作推进会，初步形成了晋豫两省联合申遗工作机制。2022年6月，安阳市文物局会同林州市文物部门再次赴长治市，就红旗渠申遗相关工作与长治市文旅局、平顺县相关部门进行沟通。2022年

11月,安阳市与国家文物局沟通红旗渠申遗事宜,并根据国家文物局要求,修改申遗文本,强化遗产保护。

4.持续推进申遗工作做深做实

积极推进红旗渠进入申报世界文化遗产预备名单。2023年3月,国家文物局启动新一轮《中国世界文化遗产预备名单》更新工作。2023年5月15日,郑州大学《中国世界文化遗产预备名单》申报项目调研组赴红旗渠进行调研,安阳市文物局积极配合,同时指导林州市填报完善中国世界文化遗产预备名单项目申请表,于7月26日以安阳市政府为申遗主体,向省文物局提交申报函件及申请表。2023年9月13日,安阳市再次与国家文物局、国家发展改革委沟通红旗渠申遗事宜,根据国家文物局要求,需对红旗渠价值重新认定,突出世界文化遗产的普遍价值。安阳市将持续推进红旗渠申报世界文化遗产工作,向世界宣传展示红旗渠精神。

（二）狠抓项目带动

对红旗渠干部学院扩建提升,建设红旗渠精神营地、红旗渠景区综合提升项目,高标准推进数字红旗渠项目、红旗渠大食堂、实训基地、红旗渠田园综合体、红旗渠精神培训中心等项目,谋划推进夜游红旗渠、红旗渠研学营地等项目。

（三）突出红色主题

统筹域内红色文化资源,利用红旗渠纪念馆、扁担精神纪念馆、谷文昌故居等红色教育基地,设立由"红色讲堂、劳模讲堂、廉政讲堂"组成的"红旗渠大讲堂",研发以"走一次红旗渠""当一次红旗渠讲解员""看一场红旗渠电影""推一把小推车""学唱一首红旗渠歌曲"等为内容的红色研学经典课程。

（四）创新文旅业态

建设红旗渠实训基地,通过虚拟现实技术进行场景还原,红旗渠修建场景真实展现;创作红旗渠主题的红色文化影视剧精品,扩大红色文化的感召力和吸引力;将红色旅游与乡村振兴深度融合,打造庙荒村、皇后村等省级乡村旅游特色村镇和省级休闲观光园区。

三、"殷墟甲骨文"文旅品牌

习近平总书记指出:"甲骨文是迄今为止中国发现的年代最早的成熟文字系统,是汉字的源头和中华优秀传统文化的根脉,值得倍加珍视、更好传承发展。"安阳把保护好、研究好、传承好甲骨文作为使命责任,组织研究发展规划,谋划实施具体项目,推进甲骨文活化利用。

(一)建设重点工程,让甲骨文"亮"起来

建设中国文字博物馆续建工程和汉字公园,项目总投资 14.38 亿元,内容包括文字文化演绎体验中心、文字文化研究交流中心、人防工程三部分。汉字公园总投资 4.19 亿,整个工程已建成投入使用。

(二)厚植文化底蕴,让甲骨文"活"起来

在城市规划建设中融入甲骨文元素,已建成 105 座甲骨文城市书屋,创建 17 所省市级甲骨文教育特色学校。将"甲骨文书法"列入市县乡村四级文化场馆公益培训内容、纳入中小学课程设计,编创甲骨文广播体操,让甲骨文走出实验室、走出书斋,走向千家万户、走近广大青少年,从"绝学"走向"显学"。

(三)讲好甲骨故事,让甲骨文"动"起来

连续举办中国(安阳)国际汉字大会,组织策划共建"一带一路"国家甲骨文及中国古文字巡展等文明交流互鉴活动,不断提升甲骨文品牌的国际影响力。大型歌舞剧《甲骨文》成功首演,形体舞蹈"甲骨文字秀",在活态传承中彰显文化魅力和时代价值。

(四)加强对外传播,让甲骨文"火"起来

建成"殷契文渊"平台,集甲骨字形库、甲骨著录库、甲骨文献库、甲骨文知识服务平台一体化的"三库一平台"网站,实现全球免费对外开放。

开设"甲骨学堂"微信公众号,举办大学生甲骨文文化创意设计大赛,创作作品 800 余件,在学习强国平台推出识读甲骨文、甲骨名人故事等系列,扩大社会传播效果。2021 年,央视《三星堆新发现》系列报道连

续两天与殷墟博物馆成功连线,将殷商文化与三星堆文物深入联系对比,向全国观众展示了殷墟灿烂的文化历史。

四、曹魏文化文旅品牌

曹操高陵本体保护及园林景观整治是安阳打造曹魏文化的一项重要工程。安阳市委市政府以此为依托,高质量打造曹魏文化文旅品牌。

安阳曹操高陵是国家重点文物保护单位,2009 中国年度考古十大新发现之一。曹操高陵项目总投资约 10.2 亿元,其中本体保护工程占地约 32.7 万平方米,主要包括遗址博物馆、遗址保护棚、能源中心等建设工程;园林景观整治占地面积约 17.6 万平方米,主要建设内容包括广场、园区道路、停车场、游客中心配套用房、景观小品、绿化等设施。2023 年 4 月 27 日,曹操高陵遗址博物馆举行开馆仪式,4 月 29 日,曹操高陵遗址博物馆对外开放。

五、"安阳古城"文旅品牌

安阳古城是中国明清府城的经典之作,规划将安阳古城打造成统领周边旅游资源,集住宿餐饮、商业消费、文化娱乐为一体的旅游集散目的地。将安阳古城与周边中国文字博物馆、殷墟、袁林、文峰塔、城隍庙、高阁寺、韩王庙、马氏庄园、羑里城、岳飞庙等文化旅游景点有效关联起来,打造"安阳古城"文旅品牌。

(一)科学规划

细致调研,统筹规划制定《安阳市历史文化名城保护规划》《历史文化街区保护规划》《古城水系及周边区域修建性详细规划》《安阳古城基础设施专项规划》等专项规划。

(二)功能定位

具备休闲、餐饮服务、住宿、体验、演艺、民俗文化等功能于一身。重点打造本地、全国著名小吃、特色小吃的餐饮文化;在住宿上打造全国领先的古城特色客栈住宿,营造宜商宜住更宜投资的业态模式;在旅游体验方面,重点是安阳特色产品的包装,满足古城"商"的功能,形成"商"经济、"夜"经济,实现安阳文化大品牌、旅游大品牌、资源大整合的目标。

(三)建设内容

整个安阳古城改造项目总投资 150 亿元,占地 2.4 平方千米,建设"一环、五景、三主题区",即环城墙景观带,褡裢坑传统景观片区、三角湖城市景观休闲片区、城墙遗址公园、马莲坑文化景观片区、安阳近代商贸文化景观展示区和古城民俗文化展示区、府城文化展示区、城市休闲文化片区。整个工程计划于 2025 年完工。

(四)建设特点

安阳古城保护整治复兴项目吸收借鉴外地经验教训,采取渐进式改造。治理安阳古城内坑塘水系及护城河水系,完成古城区道路雨污分流工程,完成铺设电力地埋管线 2.4 万米,完成东南城墙角片区游园修缮及护城河整治提升,古城居民的生活环境和居住条件得到极大提升,拓展了主客共享的古城文旅新空间。

仓巷街历史文化街区,原汁原味还原保护古建筑 150 余座,分为文化展馆和文创展示区、传统美食与网红餐饮区、环湖酒吧、茶舍、民宿高端休闲娱乐区。

城隍庙—高阁寺历史文化街区,构建由县前街、西华门街、神路街、鼓楼东街和彰德府署组成的商文旅特色街区,恢复江南包子铺、百年妙真、安阳平席等安阳百年老字号。

古城东南角楼(彰德府城墙)历史文化片区,城墙东南角魁星阁建成并实现对外开放,修建古城文化展示馆,城墙外侧建设游园,对现有护城河进行拓宽,并增设景观桥梁和景观小品,实现城墙文化与河岸景观相融合,建成具有安阳地方特色的城墙遗址公园,提升了古城游品位。

六、研学游文旅品牌

2023 年 3 月,中国旅游研究院发布《中国研学旅行发展报告 2022—2023》,作为河南省唯一入选城市,安阳再次荣膺"中国研学旅游目的地·标杆城市"称号。2023 年 4 月,2023 世界研学旅游大会在河南省洛阳市召开,会上发布河南省十大研学旅行精品线路,涉及安阳的就有 5

条。其中,殷墟入选线路一"华夏溯源——最早中国研学之旅",殷墟入选线路二"文明寻脉——四大古都研学之旅",中国文字博物馆、殷墟、岳飞庙、仓颉陵入选线路四"写意中国——文字诗词研学之旅",林州红旗渠风景区、红旗渠精神营地、桑耳庄、石板岩南湾村(古村落)、谷文昌纪念馆、林州大峡谷、高家台村入选线路五"红色传承——红旗渠精神研学之旅",道口烧鸡入选线路十"寻味老家——中原美食研学之旅"。2023年5月,河南省文旅厅、文物局、教育厅联合印发《关于公布2022年河南省研学实践教育精品课程的通知》,对评选出的2022年河南省研学实践教育精品课程、2022年河南省研学实践教育特色课程予以公布,安阳申报的5门课程获此殊荣,其中"字见殷商""甲骨奇遇记""滑县大运河""临菊之世界 品洹之菊韵"荣获2022年河南省研学实践教育特色课程,"探访古都奥秘 感受家乡魅力——文峰塔"荣获2022年河南省研学实践教育精品课程。

(一)加强基地建设

1.文体中心项目

项目总用地面积54.7万平方米,总建筑面积22万平方米,总投资33.9亿元,包括大剧院、音乐厅、多功能厅、科技馆、文化馆、体育馆、全民健身及游泳馆。

2."中国画谷"石板岩写生特色小镇服务中心项目

项目总投资2亿元,项目选址于林州市石板岩镇郭家庄村,总建筑面积约2.6万平方米,建成后将成为集写生教育、艺术创作、艺术展览、学术交流、会议论坛、科普宣传、旅游接待等功能为一体的综合性艺术服务中心,成为一个高品质、产业型的写生示范基地。

3.研学实践教育基地项目

对4个国家级中小学生研学实践教育基地(林州红旗渠、中国文字博物馆、殷墟、岳飞纪念馆)、7个省级中小学生研学实践教育基地(羑里周易博物馆、马氏庄园、中国农科院棉花研究所科普研学基地、司母戊研学实践基地、安阳博物馆、安阳工学院民航科普教育基地、安阳跃进渠红色教育基地)进行升级提质。

（二）出台研学标准

统筹规划制定《研学旅行组织与服务规范》《安阳市研学旅行基地和营地建设与管理规范》《安阳市研学旅行课程研发和导师服务规范》《安阳市研学旅行综合评价规范》。以市政府办名义印发《关于积极推进全市中小学研学工作的通知》《安阳市中小学研学旅行工作实施方案》，并召开推进会，就推进安阳中小学研学旅行工作健康快速发展进行安排部署。

（三）打造精品课程

开发殷墟"探源文明 读懂殷商"课程体系、红旗渠精神"问""越""望""造""生"五个课程体系、红旗渠景区"饮水思源，耕读传家"课程体系、马氏庄园"红色印记 青春留痕"课程体系、岳飞纪念馆古建模型研学课程体系、安钢工业研学课程体系。

七、"夜间文化旅游消费集聚区"文旅品牌

夜间文化旅游消费集聚区是创建国家文化和旅游消费试点市的重要抓手。截至目前，安阳已完成汤河两岸、道口古镇、安阳古城等省级夜间文化旅游消费集聚区创建工作；安阳古城正在申报国家第三批夜间文化旅游消费集聚区。

"夜间经济"是促进产业结构调整，提升城市消费需求的有力举措，也是一座城市经济开放性、便利性和活跃性的关键因素。安阳夜间文化旅游消费集聚区，除了正在打造的安阳古城外，道口古镇和水冶老街也是不错的打卡地。

道口古镇位于河南省滑县西北的卫河之滨、鲧堤之上，保护范围面积136.56 平方米，其中核心保护区面积 19.7 平方米。保护区内保存着大王庙、隋唐大运河滑县段等名胜古迹，众多清代的商铺及商贸街巷、住宅院落保存完整，较为知名的有"同和裕老票号""道口烧鸡义兴张老铺"等。道口镇现为中国历史文化名镇、中国烧鸡名城、国家 AAAA 级旅游景区、河南省夜间文旅消费集聚区。

水冶是一座千年古镇,自古繁华,有"银水冶"之称。水冶老街街区内有保存完整的明清建筑群,是电影《孔雀》、电视剧《二叔》《兵变1938》等影视作品的主要拍摄地。目前水冶老街已打造成为以文化为主题,以民俗体验、文化传承、休闲娱乐、餐饮美食为一体的生态古建筑群,老街内传统小吃、非遗老字号、水吧茶饮、特色餐饮、文创潮玩、酒吧民宿、饰品零售、汉服华服、剧本杀桌游、咖啡书吧一应俱全。

八、乡村游文旅品牌

依托安阳县、龙安区、林州市、内黄县等生态农业资源优势,进行现代农庄、生态农业、田园采摘、农耕体验等乡村旅游品牌建设,构建乡村休闲旅游特色板块。

(一)建设乡村旅游示范村

目前,全市共有国家级乡村旅游重点村2家,省级旅游度假区2家,省级乡村旅游特色村37家,省级特色生态旅游示范镇16家,省级乡村旅游创客基地5家,省级休闲观光园6家。

2020年,林州市石板岩镇高家台村获得"全国乡村旅游重点村"称号。2018年以来,高家台村充分利用露水河和古村落资源,依托山水特色,发展研学写生产业,以"住农家院、吃农家饭、观农家景、购农家物、享农家乐"为核心,发展乡村旅游,探索出了一条"以旅助农、以旅促农、以旅富农"的乡村旅游路径,成为全国知名的"中国画家村"。

汤阴县韩庄镇部落村发展乡村旅游,打造以岳飞精忠报国精神为特色的红色研学旅游。投资1500万元,占地面积2万平方米,建成岳飞精忠报国培训基地,成立和顺果蔬、泰和种植等4家农民专业合作社,成立部落半岛文化传媒、勤政商贸2家集体经济公司;投资120余万元,购置农业机械、洒水车、观光车、中巴车;投资650万元建设了部落村党建主题公园、文明实践主题公园、生态停车场;投资1200万元,完成安全饮水、乡村道路、绿化美化等工程。把部落村打造成集餐饮、住宿、培训、研学于一体的乡村旅游特色村。

安阳以村为单位,重点培育评选20个市级乡村旅游示范村、5个市级乡村旅游创客基地、5个市级休闲观光园。积极开展省A级乡村旅游示范村创建工作,提升基础设施和公共服务设施水平,对省 A 级乡村旅游示范村实行整村项目包装并加大宣传推介。

(二)打造"安阳美宿"品牌

实施"民宿+"行动,推进图书、非遗、民俗、文创产品进民宿,持续提升安阳民宿服务品质,形成一村一特色、一家一主题、一栋一风景的发展格局,积极打造民宿集群。

2021 年 9 月中国(安阳)乡村旅游论坛公布了首批"安阳美宿",分别是:院望(林州石板岩)、淇心小筑(林州万泉湖)、桃花雅居(林州石板岩)、日初天景(林州石板岩)、一家人归墅(林州石板岩)、耕读(林州石板岩)、雨后千山(林州石板岩)、空山明月·家(林州石板岩)、咪咕的店(林州石板岩)、汤河湿地公园地球仓(汤阴韩庄)。2022 年 9 月,安阳旅游民宿协会成立,持续推进、打造"安阳美宿"品牌。

1.担子坡民宿品牌

项目总投资 4 亿元,位于黄华镇止方村的一个空心村,总占地面积约 5.3 万平方米,由林州担子坡印象有限公司开发,拟打造为集古村民宿、休闲度假、禅修、文化艺术交流等于一体的特色民宿村。

2.携程度假农庄品牌

项目毗邻太行山大峡谷,度假农庄采取自营模式,在内部设施、服务上,参照五星级度假酒店标准执行。游客在农庄内可以选择养生、瑜伽、健身等众多室内活动,以及露台餐厅、野营地、采摘园、梯田花海、沙场、农事体验等室外项目。

3."红旗渠人家"民宿品牌

安阳林州先后制定出台《"红旗渠人家"民宿品牌提升任务清单》《"红旗渠人家"民宿基本要求与等级划分》《进一步加快旅游民宿高质量发展的意见》等文件,规划推进集群建设,民宿品牌化、标准化、集群化发展初见成效。

第三节 品牌项目硬件设施建设

　　文化旅游业具有很强的综合性和整体性,是一项系统工程。适应游客在游览过程中的各种需要而建设的物质设施,被称为旅游基础设施。旅游基础设施是旅游业发展必不可缺的物质基础。文旅品牌项目基础设施一般包括场馆建设、交通系统、供电系统、供水系统、供气系统、排污系统、通信网络这些硬件设施。旅游基础设施具有先行性和基础性,是所有文旅商品与服务产生的基础条件。

　　安阳市坚持系统理念,瞄准科学发展、高质量发展目标,市级层面成立国有景区体制改革、旅游道路建设、旅游服务提升、研学旅行、智慧旅游建设、演艺精品打造、航空运动产业发展7个工作专班,建立联席会议制度和市、县、乡、村四级联动机制,建立工作台账,制定七大类共43项考核指标,定期检查督导,为安阳文化旅游高质量发展提供了坚强的组织保证和机制保障。

　　2022年6月,安阳发布《安阳市"十四五"文化旅游融合发展规划》,随后规划确定了32个重大文旅品牌项目,每个项目由1位市级领导分管,1位县区领导主抓具体落实,定期召开会议进行督导,解决实际建设过程中遇到的问题。

一、安阳古城保护整治复兴项目

(一)项目概况

　　项目总投资约59.5亿元,主要包括安阳老城区旅游基础设施改造一期和安阳古城风貌保护与城市更新改造两个项目。安阳老城区旅游基础设施改造一期项目总投资12.47亿元,主要建设内容包括老城旅游基础设施改造工程、护城河旅游基础设施改造工程、游客服务中心工程,完成时限为2026年7月。安阳古城风貌保护与城市更新改造项目总投资47.05亿元,主要包含褡裢坑片区、彰德府署片区、古城西南片区、韩王庙东侧街区、护城河风貌区、文物保护单位周边的基础设施改造及环境整治

6 个片区,完成时限为 2027 年 12 月。对于安阳古城保护整治复兴项目,成立了市古城保护整治复兴委员会,办公室设在市住建局。

(二)基础建设完成情况

截至 2023 年 10 月,安阳老城区旅游基础设施改造一期护城河项目三角湖西门健步道沥青铺设完成,广场铺装正在施工。中原宾馆项目贵宾西楼一层大厅基础框柱加固完成,门厅基础桩开始检测;2 层构造柱模版安装完成,4—5 层新增主体完成,屋面女儿墙基本完成,全楼碳纤维加固基本完成,钢梁加固正在施工;迎宾西楼 1—2 层正在拆除,东楼梯 3 层浇筑完成;好世界综合楼北墙外建筑拆除外运完成,1 层墙体洞口拆改完成,3 层碳纤维加固完成,4 层检修楼梯正在进行;地下车库 A 区车库东部防水完成,B 区西部北段垫层完成,防水开始施工,C 区西部南段开挖,验槽完成。

安阳古城风貌保护与城市更新改造项目的镇远门复建项目招标文件已编制完成,正在对招标文件相关信息进行核对。

二、广益工业遗产保护利用项目

(一)项目概况

广益工业遗产保护利用项目,又称殷墟国家考古遗址公园配套服务项目。总投资 13.1 亿元,一期投资 3.7 亿元,二期投资 9.4 亿元。项目总占地 16.7 万平方米,一期占地 7.3 万平方米,二期占地 9.3 万平方米。项目内容为活化利用豫北纱厂现有旧厂房,接纳殷墟遗址博物馆部分功能,通过创新性的改造设计,将之打造成为国际考古研究和文物保护中心、国际文化创意产业基地和殷墟旅游服务中心。广益工业遗产保护利用项目成立了专班,办公室设在市文旅集团,项目完成时限为 2025 年 12 月。

(二)基础建设完成情况

截至 2023 年 10 月,安阳殷墟考古文旅小镇一期项目一区,使用权变更用途方案审批已完备,待文物局审批;二区、四区、五区已投入运营;三区图书艺术中心、甲骨书屋、相州窑展馆已投入使用;考古科学馆南部内装修完成89%,中间部位设计方案报文物局审批,待审批完成后,出具施工图开始设计。安阳殷墟考古文旅小镇二期项目考古遗址道路修复方案市文物局已批复,设计院正在深化方案设计;小镇下穿铁路隧道方案由安阳安建及郑州中铁大桥设计院联合设计,已确定方案。下穿铁路分道后向北、向南与原107国道平行,原107国道在花卉市场范围内向东侧移,路宽14米,周边配套停车场。

三、殷墟国家考古遗址公园项目

(一)项目概况

项目总投资90亿元,占地29.47平方千米,以小屯村宫殿宗庙遗址为中心,东至胜利路,西至钢花路,北至邺城大道北,南至文源街南。以殷墟保护利用为核心,以打造世界一流的考古遗址公园为目标,前期主要建设项目包括:殷墟遗址王陵区环境整治工程(一期)、殷墟遗址王陵区保护展示提升工程(一期)、殷墟遗址宫殿宗庙区保护展示提升工程(一期)、殷墟入口区及宫庙区环境整治工程(二期)。项目由市文物局牵头,殷墟管委会、市文旅集团配合,前期项目完成时限为2025年12月。

(二)基础建设完成情况

截至2023年10月,殷墟遗址王陵区保护展示工程(一期)设计方案已报省文物局核准,省文物局原则同意所报方案,并提出部分修改意见,修改完成后报市文物局核准实施。殷墟管委会向市文物局报送了《关于核准殷墟王陵遗址区保护展示工程设计方案(一期)的请示》,待市文物局核准后,积极申报国家专项资金。殷墟遗址王陵区环境整治工程,殷墟管委会与区自然资源局、财政局、北蒙办事处相关负责人员围绕王陵区围墙东扩、南扩召开现场会,并提出具体工作要求。殷墟入口区及宫庙区环境整治工程(二期),启动了入口区及宫庙区环境整治工程(二期)深化设计招标工作,在区发改、住建、财政等监督部门进行了备案,已在区公共资源交易中心发布了殷墟遗址入口区及宫庙区环境整治工程(二期)设计招标公告,进行公开招标。

四、殷墟遗址博物馆项目

(一)项目概况

项目总投资约 10.6 亿元,占地面积 17.9 万平方米,建筑规模 5.1 万平方米,建筑密度不大于 30%,绿化覆盖率不小于 40%。项目位于洹河北岸、豫北纱厂西侧,与殷墟宫殿宗庙区隔河相望。主要建设内容包括公众区域、业务及研究区域和行政区域等。项目成立了殷墟遗址博物馆专班,办公室设在文物局,限期完成时间为 2024 年 6 月。

(二)基础建设完成情况

截至 2023 年 10 月,博物馆主体二次结构施工基本完成,整体屋面完成 93%,普装区粗装完成 94%,机电安装完成 56%,草坡结构完成 85%。博物馆幕墙正分区域施工,深化图纸已报市设计审查事务所,各专业变更及智能化深化、室内精装修及二次机电施工图纸审查已完成。继续与陈列展示设计团队完善大纲和内容设计,加大文物征集考察力度,已启动土质遗迹文物修复工作。

五、曹操高陵本体保护及环境控制项目

(一)项目概况

项目总投资 10.2 亿元,本体保护展示工程占地 32.7 万平方米,位于殷都区安丰乡西高穴村,主体建设面积约为 3.25 万平方米,分为文物展示区、遗址展示区、能源中心及文物展陈。《安阳高陵环境控制设计方案Ⅰ期》配套项目总投资 3.67 亿,主要建设广场、园区道路、停车场、游客中心配套用房、景观小品、绿化等设施,环境控制项目为主体工程配套建设项目。项目责任单位为殷都区政府、曹操高陵管委会,完成期限为 2023 年 12 月。

(二)基础建设完成情况

曹操高陵遗址博物馆主体及环境控制设计方案Ⅰ期工程已顺利完工,投入运营。2023 年 4 月 27 日,曹操高陵遗址博物馆举行开馆仪式,4 月 29 日,曹操高陵遗址博物馆对外开放。

六、安阳历史文化科技主题公园项目

(一)项目概况

项目总投资 30 亿元,占地约 66.7 万平方米,总建筑面积约 11 万平方米,投资方为昌达公司,项目位于白沙大道(原安康大道)与光明路交叉口东北角,建设内容包括博览区(殷商传奇、周易文化、青铜文化、传说文化、中原文化、华夏历史)、综合娱乐区和动感项目区共八部分。项目责任单位为文峰区政府,限期完成时间为 2024 年 6 月。

(二)基础建设完成情况

截至 2023 年 10 月,项目土建完成 100%,装饰完成 90%,电气安装完成 93%,园林建设完成 90%,绿化完成 97%,室外设备安装完成 80%,室内设安装完成 55%。

七、遇见太行文旅小镇项目

(一)项目概况

项目总投资 30 亿元,占地总面积约 267 万平方米,位于林州曲畔路以东、黄华路以西、迎宾大道两侧的范围内,由河南投资集团与云南鸿曦企业集团有限公司共同开发,拟打造为太行大峡谷文旅休闲度假平台,包括文创商旅、亲子运动、生态休闲三大板块。项目责任单位为林州市政府,限期完成时间为 2025 年 12 月。

(二)基础建设完成情况

截至 2023 年 10 月,项目艺术家部落及 1、3、4 号楼主体封顶,2 号楼基础已浇筑,5 号楼二层浇筑完成,6 号楼一层浇筑完成,7 号楼基础已浇筑。

八、红旗渠纪念馆景区提升项目(数字红旗渠项目)

(一)项目概况

项目总投资 2 亿元,位于红旗渠纪念馆西北侧地块(任村镇井头村)。项目占地面积约 5.9 万平方米,总建筑面积 7000 平方米,建设内容为:数字演播厅、文化剧场、红旗渠文创展馆、综合服务中心、停车场及室外水、电、道路等配套设施。项目责任单位为林州市政府、红旗渠集团,限期完成时间为2024年5月。

(二)基础建设完成情况

截至2023年10月,林州市旅游和文化广电局已完成立项审批、土地报批工作,进入主体施工阶段。

九、红旗渠纪念馆旅游基础设施提升项目

(一)项目概况

项目总投资4984万元,位于G234国道红旗渠纪念馆南侧,占地面积约1.9万平方米。项目主要建设内容有停车场(含智慧停车场系统及汽车充电设施)、游客服务中心、标识系统一套及连接线道路,景观配套工程及绿化亮化等。项目责任单位为林州市旅文广局、红旗渠集团,限期完成时间为2024年5月。

(二)基础建设完成情况

截至2023年10月,项目已完成立项审批、土地报批、规划设计工作,目前进入主体施工阶段。

十、担子坡民宿项目

(一)项目概况

项目总投资4亿元,位于林州黄华镇止方村的一个空心村,总占地面积约5.3万平方米,由林州担子坡印象有限公司开发,拟打造为集古村民宿、休闲度假、文化艺术交流等于一体的特色民宿村。项目责任单位为林州市政府,限期完成时间为2025年12月。

(二)基础建设完成情况

截至2023年10月,涉及风景名胜区和地质公园的方案和评审已审批通过,主入口两侧景观正在施工。

十一、红旗渠畔慢生活休闲示范带项目

(一)项目概况

项目总投资 1.8 亿元,位于沿红旗渠两岸,占地总面积约 3 万平方米,由黄华镇人民政府负责建设,依托红旗渠红色游,以打造特色文旅镇为目标。项目责任单位为林州市政府,限期完成时间为 2025 年 12 月。

(二)基础建设完成情况

截至 2023 年 10 月,项目立项手续、用地规划手续已办理,进入全面施工阶段。

十二、"中国画谷"石板岩写生特色小镇服务中心项目

(一)项目概况

项目总投资 1.05 亿元,规划总用地面积约 2.3 万平方米,日游客容量 2000 人,包括展厅、会议中心、创作室以及餐饮住宿等辅助配套设施。项目责任单位为林州市旅游和文广局、红旗渠集团,限期完成时间为 2023 年 12 月。

(二)基础建设完成情况

项目已整体完成,投入运营。

十三、天空之境旅游度假区项目

(一)项目概况

项目总投资 6 亿元,主要建设高端民宿及配套。项目位于林州市石板岩镇马鞍垴村,一期规划建设 5 个片区,占地约 2.7 万平方米,建筑面积约 2 万平方米。目前正在建设示范区,共计 22 个院落。项目责任单位为林州市旅游和文广局、石板岩镇政府,限期完成时间为 2024 年 6 月。

(二)基础建设完成情况

截至 2023 年 10 月,主体工程施工完成 80%,样板房精装修硬装完成;隧道口至第一区域道路拓宽工程路基施工完成,完成总工程量 75%;

露营区卫生间、大门、洗手池、装饰亮化、装配式围挡等配套设施完成,露营区水电管线预埋施工完成,露营区草坪补栽完成。

十四、小东沟民宿项目

(一)项目概况

项目总投资 5000 万元,结合石板岩村小东沟自然村石板民居特色对小东沟村整村改造,建设民宿 53 间,用于高端艺术家接待。项目责任单位为林州市旅游和文广局、石板岩镇政府,限期完成时间为 2023 年 12 月。

(二)基础建设完成情况

项目已整体完成,投入运营。

十五、红旗渠大峡谷旅游连接线基础设施项目

(一)项目概况

项目总投资 3 亿元,位于林州市任村镇露水河大桥西侧,占地面积约 4 万平方米。建设内容主要为:景区综合服务中心、游客中心、大型停车场,以及对杨耳庄至露水河大桥约 3000 米河道进行综合治理和提升。项目责任单位为红旗渠集团,限期完成时间为 2024 年 12 月。

(二)基础建设完成情况

截至 2023 年 10 月,项目已完成立项批复、用地手续、招标手续,进入全面建设阶段。

十六、缫丝厂商业街改造项目

(一)项目概况

项目位于林州市石板岩镇政府北侧,总投资 2 亿元,建设住宿、餐饮、娱乐、商业综合体 3 万平方米。项目责任单位为石板岩镇政府,限期完成时间为 2024 年 5 月。

(二)基础建设完成情况

截至 2023 年 10 月,项目已完成立项批复、用地手续、招标手续,进入全面建设阶段。

十七、凤凰岭将军居民宿项目

（一）项目概况

项目位于林州市石板岩镇上坪村蔡家岩自然村,规划投资额 3 亿元。项目规划建设蔡家岩传统村落高端民宿(凤凰岭)、长西岭康养高端民宿(将军居),配套 365 米双向观光电梯及直升机等。项目责任单位为石板岩镇政府,限期完成时间为 2024 年 5 月。

（二）基础建设完成情况

截至 2023 年 10 月,项目已完成立项批复、用地手续、招标手续,进入全面建设阶段。

十八、九溪云庐综合体项目

（一）项目概况

项目又名林虑书房民宿,位于林州市石板岩镇文昌南路东侧,用地面积 17 115.22 平方米,其中规划有部分民宿式酒店和旅居式酒店,总建筑面积为 20 538 平方米,建设总投资约为 3 亿元。项目责任单位为石板岩镇政府,限期完成时间为 2024 年 5 月。

（二）基础建设完成情况

截至 2023 年 10 月,项目已完成立项批复、用地手续、招标手续,进入全面建设阶段。

十九、东方波尔多田园综合体项目

（一）项目概况

项目总投资 16.5 亿元,规划占地面积 9.9 平方千米。位于安阳县瓦店乡东部乡村地区,由河北庆瑞建筑有限公司投资建设,计划建成为国家 AAAA 级旅游景区、国家级田园综合体、国家级旅游度假区。项目责任单位为安阳县政府,限期完成时间为 2025 年 12 月。

（二）基础建设完成情况

截至 2023 年 10 月,水上游乐园已建成并投入运营;萌宠乐园建成并运营。

二十、周易文化产业园项目

（一）项目概况

项目总投资 30 亿元,规划面积约 1.5 平方千米,主要建设奥易学术交流区、易趣文化主题公园、易风休闲旅游度假区、涵易文化体验街区、易养易居健康小镇等,打造周易文化博览与休闲体验中心、世界周易文化研学旅游、东西方元典文化比较交流研究重要基地。项目责任单位为汤阴县政府,限期完成时间为 2025 年 11 月。

（二）项目建设完成情况

截至 2023 年 10 月,项目处于立项审批阶段。

二十一、汤阴县文化艺术博览馆项目

（一）项目概况

项目总投资 4927 万元,规划总用地 18 666.42 平方米,项目总建筑面积 9769.86 平方米,文化艺术博览馆项目主要建设地上三层、地下一层及室外工程。项目责任单位为汤阴县文化广电体育旅游局,限期完成时间为 2025 年 10 月。

（二）基础建设完成情况

截至 2023 年 10 月,项目选址意见书、用地规划许可证、土地证、工程规划许可证已办理,正在办理施工许可证。

二十二、动物园海洋世界建设项目

（一）项目概况

项目计划投资 1.5 亿元,地点位于梦幻谷内闲置土地。规划动物园（熊猫馆）占地面积约 5.3 万平方米,海洋世界占地面积约 1 万平方米,建筑总面积约 7600 平方米。项目责任单位为汤阴县文化广电体育旅游局，限期完成时间为 2023 年 12 月。

(二)基础建设完成情况

截至 2023 年 10 月，项目主体建筑钢结构安装、防腐防火涂料已完成；售票处外立面造型涂料已完成，售票大厅强弱电、消防、暖通、吊顶已完成；1—2 楼贴砖、粉刷、喷漆、缸体安装、铝板安装、玻璃门安装、绘画已完成；老商业楼水池浇筑、给排水预埋、防水、空调安装已完成；消防水电安装完成 90%，试压完成 85%，排烟通风安装完成 90%，造景完成 80%，亚克力安装完成 70%；海豚暂养池、医疗池浇筑、给排水预埋完成；海豚看台顶板、回游缸浇筑、海豚表演池浇筑完成，独立基础回填土完成，美人鱼看台脚手架搭设完成，看台顶板安装完成 85%；美人鱼表演池钢筋绑扎完成 70%。

二十三、三杨庄、二帝陵黄河文化大遗址公园项目

(一)项目概况

项目规划总投资约 20.5 亿元，建设内容主要包括文保单位提质工程、帝陵祭祖溯源区、三杨庄农耕文化展示区、农耕生活文化体验区、亲子游乐区、基础设施建设工程 6 个板块。项目责任单位为内黄县政府，限期完成时间为 2026 年 6 月。

(二)项目建设完成情况

截至 2023 年 10 月，项目已完成立项工作，正在进行两评一案编制工作。

二十四、大运河文化带建设项目

(一)项目概况

项目规划总投资 3 亿元，主要包括滑县西纸厂特色美食(再生改造)项目二期、滑县大运河百工聚落及配套服务项目一期、滑县大运河宋船文化园项目。滑县西纸厂特色美食(再生)改造项目二期总投资 6000 万元，建筑面积 11 290 平方米；滑县大运河宋船文化园项目总投资

8450.45 万元,占地 22 343.40 平方米;滑县大运河百工聚落及配套服务项目一期总投资 16 258.50 万元,占地面积 52 133.33 平方米,规划性建筑面积 22 339.12 平方米。项目责任单位为滑县政府,限期完成时间为 2025 年 12 月。

(二)项目基础建设完成情况

截至 2023 年 10 月,滑县西纸厂特色美食(再生改造)项目二期已基本完工;大运河百工聚落及配套服务设施项目一期土地预审及选址意见书已办理;正在确定实施方案,深化设计施工图纸;滑县大运河宋船文化园项目已基本完工。

二十五、金堤遗址公园项目

(一)项目概况

金堤遗址公园项目又称瓠子堤文化遗址保护工程项目,位于滑县城关街道,总投资 22 000 万元,实施占用建设用地面积约 10.9 万平方米。主要建设文创研发及展示中心,非遗文化研学基地、瓠子堤遗址博物馆,游客服务中心、停车场、配套建设厂区安装工程及指挥系统等。项目责任单位为滑县文广体旅局,限期完成时间为 2025 年 4 月。

(二)项目建设完成情况

截至 2023 年 10 月,项目拟申请地方专项债券资金及县级财政资金配套,处于省财政厅评审阶段。

二十六、滑县乡村振兴文旅示范村建设项目

(一)项目概况

项目总投资为 19 975.20 万元,建设内容涉及滑县枣村堤上村、半坡店西常村、上官郭固营村、桑村回木村、桑村北齐邱、八里营李丁将村、瓦岗寨乡瓦岗寨村、东小庄村、留固镇白马墙村、牛屯暴方子故里、牛屯镇宋林村 11 个示范村的基础设施和配套服务设施建设。项目责任单位为滑县文广体旅局,限期完成时间为 2025 年 4 月。

（二）项目建设完成情况

截至 2023 年 10 月，地方政府专项债券申报已通过，等待资金下达，已进行初步设计规划。

二十七、洹水湾欢乐世界休闲度假基地项目

（一）项目概况

项目总投资 20 亿元，占地面积 66.7 万平方米，以洹水湾特色温泉为依托，通过改造扩建商务中心、温泉馆、滑雪基地等设施，重点打造温泉养生、假日酒店、海洋世界、儿童游乐园、野生动物园五大区域，并配套商业餐饮等高端服务项目。项目责任单位为文峰区政府、洹水湾温泉旅游有限公司，限期完成时间为 2024 年 12 月。

（二）项目基础建设完成情况

截至 2023 年 10 月，洹水湾南大门、门房、游客中心、停车场等配套设施正在施工。

二十八、文峰区文化综合中心项目

（一）项目概况

项目规划总投资为 21 645.78 万元，规划总用地面积约 2.1 万平方米，总建筑面积约为 4.6 万平方米，包括图书馆（文昌大道与朝阳路交叉口西南角）、文化馆（朝霞路与岳飞街交叉口东北角）两个地块建设。项目责任单位为文峰区文广体旅局，限期完成时间为 2024 年 12 月。

（二）项目基础建设完成情况

截至 2023 年 10 月，图书馆、文化馆主体建设施工进行中。

二十九、安阳马氏庄园旅游配套设施提质工程

（一）项目概况

项目规划总投资 1.2 亿元，建设集教育培训、水系+庄园、刘邓大军指挥部旧址等多元文化于一体的景区，占地面积 10 万平方米。位于殷都区

水冶镇滨江社区西蒋村,主要建设旧址恢复、培训基地、配套设施(门面房、停车场、旅游厕所等)、景区建设等项目。项目责任单位为殷都区政府,限期完成时间为 2025 年 12 月。

(二)项目基础建设完成情况

截至 2023 年 10 月,北区文物修缮、消防工程、安防工程已基本完成;南区修缮保护工程正在有序施工;中区灾后重建项目(8 个建筑)正有序施工;东蒋村停车场设计方案已通过专家评审,招标工作结束,已签署施工合同;中区灾后重建项目(1—4 号建筑)招标结束,已签署合同,有序进场展开施工前期工作。

三十、安阳龙泉花木市场项目

(一)项目概况

总规划投资 3.53 亿元,总规划用地面积约 20.2 万平方米,位于安阳市龙安区,北起南林高速储备林,南至五八英雄渠,西临 341 国道,由安阳市龙浩生态旅游发展有限公司投资建设,主要建设豫北地区一站式花木产业集聚区,按 AAAA 级景区标准打造成安阳市近郊的城市精品花木休闲游览园区。项目责任单位为龙安区政府,限期完成时间为 2024 年6 月。

(二)项目基础建设完成情况

截至2023 年10月,已完成总工程量的85%,园区内各建筑主体已完工,进入装饰装修阶段,园内的道路、绿化等工程正在进行。综合楼已完工,机电工程已完成90%;服务中心已完工,装饰已完成95%;鲜花大棚已完成85%。

三十一、小南海风景区项目

(一)项目概况

项目规划投资 4.02 亿元,主要包括善应镇游客服务中心及配套基础设施建设和小南海景区 AAA 创建旅游基础设施建设两个项目,重点对4 千米涌泉区进行河道清理、基础设施提升和景观打造,同时开发建设运营类项目。项目责任单位为龙安区政府,限期完成时间为2025年12月。

（二）项目建设完成情况

截至2023年10月,项目处于立项审批阶段。

三十二、海洋主题公园商业综合体项目

（一）项目概况

项目位于安阳市北关区安漳大道与永明路交叉口西南,一期占地面积约3.5万平方米,总投资约10.5亿元。主要建设包括特色商业内街、高端酒店、精品公寓、科普馆、海豚表演馆、海底隧道、极地馆、白鲸馆等各类场馆为一体的商业综合体项目。项目责任单位为北关区政府、湖南水之纪旅游发展有限公司,限期完成时间为2025年1月。

（二）项目基础建设完成情况

截至2023年10月,已完成前期手续办理,主体建筑施工中。

第四节　公共文化服务体系构建

人民是城市的主人,城市政治、经济、文化的发展是以满足人民群众不断增长的物质文化需求为导向的。安阳城市文化品牌建设过程中,需要全体安阳人民的积极参与与鼎力支持。公共文化作为文化建设的重要内容,是满足群众基本文化需求,保障人民群众基本文化权益的主要途径,也是教育引导群众增强文化自信、传播城市文化的重要保证。

一、硬件设施建设

安阳现有公共图书馆11个,文化馆14个,美术馆、妇女儿童活动中心各1个,工人文化宫3个,各类大型体育场馆(健身中心)11个,各类博物馆、纪念馆17个。建设达标广电播出机构6个,广播电视覆盖率100%。建成基层综合性文化服务中心3346个,覆盖率100%。设立县区文化馆分馆109个,图书馆分馆86个,流动服务车24辆,建成甲骨文书

屋 105 座。安阳市图书馆、林州市图书馆、安阳市群艺馆、汤阴县文化馆被授予国家一级馆;中国文字博物馆、安阳博物馆被中国博物馆协会核定为国家一级博物馆;安阳市少儿图书馆被授予国家二级馆。政府—高校—社区"321"公共文化共建项目成功创建国家级示范项目,林州市、汤阴县成功创建省级示范区。汤阴县(跑帷子)被评为中国民间艺术之乡,安阳县吕村镇、殷都区曲沟镇被评为省级民间艺术之乡,李翠利"微光书苑"被评为全国最美公共文化空间。

二、人才队伍保障

安阳已建成基层公共文化服务中心 2500 余个,实现乡村两级全覆盖。坚持"送文化",定期组织舞台艺术送基层、戏曲进校园等惠民演出、农村公益电影放映、电影进校园等活动。组建市县乡村"红色文艺轻骑兵"队伍 270 余支、文化志愿者 5000 余名,开展红色公益演出 1000 余场。一批品位高、参与度高、评价高、成本低的"三高一低"公共文化服务品牌脱颖而出。注重培养城乡本土文艺骨干和队伍,实现群众文化自我繁荣、自我发展。依托国家级示范项目政府—高校—社区"321"公共文化共建平台,开展视听公益课堂,签约热心公益的培训机构、文化企业 30 余家,累计培训 1000 余期,培训基层文化骨干 3.7 万余人次。实施文化馆站长轮训,加大群众骨干培训,每年开展春、夏、秋三期培训班。安阳现有群众文艺队伍 1 万余支,年均组织"戏曲进校园""百场文艺惠民演出""舞台艺术送基层"等惠民演出 800 余场,"红色文艺轻骑兵"公益演出 1000 余场,电影进校园、农村公益电影放映 1 万余场。推出了"安阳文化大讲堂""城市领读人""红领巾剧场"等一批公共文化服务品牌。

三、工作方法与成效

(一)构建城乡 15 分钟阅读圈

安阳重要民生工程甲骨文书屋全部建成,目前,安阳共有 105 座甲骨文书屋建成投用,超额完成"三年建设 100 座甲骨文书屋"这一重要民生工程建设目标。书屋建设始终坚持政府主导,社会参与,共建共享。安阳市、县两级财政建设甲骨文书屋设施设备和图书配套,共投入5000 余万元;街道社区、公共文化单位、企业、学校等多方社会力量共建共享,免费提供场地设施。随着这 105 座各具特色的甲骨文书屋全部建成投用,在安阳市形成全方位、广辐射的甲骨文书屋服务网络,一批小而美的甲骨文书屋成为一道独特的文化风景线,让全民阅读蔚然成风,让古都安阳溢满书香,不断提高群众文化素养。

（二）举办高水平群众文化活动

举办"河南省第二届民间艺术大赛安阳赛区评选活动",入展河南省第二届民间艺术大赛展品 17 件。开展安阳市首届惠民文化节暨"喜迎二十大、奋进新征程"广场消夏惠民演出,演出 20 场,演出节目 240 余个,参演人员 1600 余人。举办"洹水飞歌 唱响未来"原创作品音乐会、第八届艺术广场舞大赛、第六届群众合唱大赛、第三届群众书画大赛、盛世华章、"书香润万家、奋进新时代"主题展、"最美读书声"诵读大会等各类大型群众书画展览 30 余场,甲骨文书屋特色文化活动 2000 余期,线上线下观众 110 万人次,为广大市民群众带来一场家门口的文化盛宴。

（三）打造新型公共文化空间

积极参加第二届全国最美公共文化空间大赛,共报名提交 77 个最美公共文化空间,报名参赛数量位居全省第二。入围全国"最美公共文化空间"大赛前 500 名共计 16 个。汤阴博物馆（第 81 名）、滑县居贤书院（第 111 名）、殷都区丹枫园甲骨文书屋（第 116 名）、滑县小铺乡综合文化站（第 188 名）排名靠前。深入推进全市乡村文化合作社建设,组织各级合作社参加省文旅厅、合作社平台专题培训 8 期,全市乡村文化合作社推进会及骨干培训班 2 期,培训业务骨干 500 余人次。按照每个乡镇至少组建 1 支合作社的要求,组建各级乡村文化合作社 263 个,注册社员 1797 名,发送视频作品 58 000 余条,数据位居全省前列。

第五节　数字化建设及活化利用

随着大数据、5G、人工智能等现代信息技术的不断创新发展,产业融合创新越来越重视数字技术,产业数字化转型成为经济高质量发展的重要举措。文旅产业应紧扣数字化发展的新趋势,推动产业数字化融合,实现文旅高质量融合发展。

利用数字信息技术推动文旅产业进行全方位、全链条、多角度的创新发展,推动文旅产业融合,是目前的首要任务。要推进文化产业和旅游产业数字化、智能化、网络化发展,推动虚拟现实、人工智能、5G、大数据、云计算、北斗导航、物联网等在文旅融合过程中的应用,营造数字场景以增强文旅融合发展新动能。

一、安阳市智慧旅游平台

(一)基本情况

安阳市智慧旅游平台由市文广体旅局委托联通安阳分公司投资建设,河南老家文旅科技有限公司负责运营。按照"一屏管安阳""一码游安阳"设计理念,建设了全市旅游产业运行监测平台和游客服务平台"字都安阳"小程序。目前,平台已经上线运营,全市主要景区、宾馆、民宿、餐饮、文创等企业已经集中入驻,初步实现了在线景区门票销售、宾馆民宿预订、特色餐饮消费、文创产品购买、旅游宣传营销、游客综合服务等功能。

旅游产业运行监测平台主要服务于政府管理,以市场监管、旅游安全为着力点,主要功能模块包括全域客流量监测、景区视频监控、旅游投诉与网络舆情等,同时满足对接气象、公安、交通等部门,提供涉旅数据的深度挖掘与分析,从而实现实时、动态、有效的行业运行管理。目前,全市AAAA级以上主要景区票务系统和视频监控已接入,实现景区游客数据和视频画面实时检测分析。

"字都安阳"小程序的定位是游客服务平台,集"吃住行游购娱"为一体,将传统售票升级为多元售票、预约、购物、文博展示等综合文旅平台。面向游客提供包括吃、住、行、游、购、娱、休闲等全面、精准、快捷的旅游信息服务,游客可扫描二维码实现定位、导航、导游、导览等智慧化服务功能,实现旅游行前、行中、行后的全方位精准服务。

"字都安阳"小程序自上线以来,安阳市文广体旅局坚持政府主导与市场化运营相结合,全力提高"字都安阳"各项运营指标。

1. 丰富业态功能

先后完成了安阳文旅惠民卡电子平台建设、中小学生研学"寻访通"模块上线、建设银行支付渠道开通等工作。强力推动全市 A 级旅游景区、重点酒店宾馆、知名餐饮企业、特色文创产品、乡村旅游等涉旅资源集中入驻平台,不断丰富"字都安阳"旅游生态和服务功能。目前,全市 A 级旅游景区、重点酒店宾馆、知名餐饮美食企业均已入驻平台。

2. 策划精准营销

2022 年,根据安阳市委、市政府安排,安阳市文广体旅局联合建设银行、交通银行等金融机构,依托"字都安阳"游客服务平台,面向河南省全境及河北省邯郸市、邢台市,山东省聊城市,山西省长治市、晋城市累计发行安阳文旅惠民卡(半年卡)4.5 万余张,其中域外游客 2.7 余万张,累计销售收入 180 余万元。在此基础上,新发行了中华字都安阳文旅一卡通。"字都安阳"小程序新增注册用户数 3.74 万人,累计访问 30.65 万人次,日访问量 1510 人次;安阳文旅惠民卡新增注册用户数 7.43 万人,累计访问 315.56 万人次,日访问量 1.55 万人次。此外,安阳市文广体旅局联合市相关部门开展了"红领巾看家乡"等活动,学生可通过"字都安阳——寻访通"模块以三折的优惠价格购买景区门票。据统计,活动期间"寻访通"平台新增用户为 5.81 万人,累计点击率为 36.23 万人次,日均打开量为 2150 人次。

3. 多渠道全方位推广

积极利用郑州、北京、天津、香港等地召开安阳文旅推介会、安阳市第十三届运动会、全市消夏文艺演出等时机,通过海报、展板、现场推介等形式,加大宣传推广力度。在北京、天津、郑州"安阳号"地铁景区宣传海报上增加"字都安阳"二维码,外地游客扫码即可实现"一部手机,畅游安阳"。将"字都安阳"链接到"安阳市文化广电体育旅游局"微信公众号、安阳文旅微信公众号、安阳市公共文化云平台,通过微信公众号、网站、短视频等安阳文旅新媒体矩阵进行宣传推广。同时,积极组织全市旅游景区、星级宾馆民宿、旅行社、文化体育场馆等进行线下宣传推广。

（二）存在的问题

1.接入数据较少

相对于洛阳等省内先进地市,安阳智慧旅游平台接入旅游资源数据较少,功能相对单一,不能充分发挥平台数据监测、产业分析、指挥调度功能。

2.资金投入不足

安阳智慧旅游平台建设由于缺乏盈利预期,运营公司不愿进一步投入,相关功能不能及时更新和升级迭代。

3.缺乏盈利模式

全市智慧旅游平台生命力在于运营,由于平台运营公司盈利模式不清晰,市场化推广和运营不足,严重影响了平台后续建设发展。

（三）建议对策

1.完善平台功能业态

坚持以游客为中心,建议持续接入"吃住行游购娱、商养学闲情奇"等旅游资源和要素,不断进行平台内容和技术功能服务升级迭代,增加平台黏性,健全平台生态体系,坚持线上与线下融合,打造业态丰富、功能强大、优势明显的全域旅游服务平台。

2.推进平台可持续运营

考虑到智慧文旅平台具有服务政府、服务企业、服务游客的多重属性和功能,建议安阳智慧文旅平台参照洛阳模式,移交国有文旅平台公司专业化、市场化运营,或联合国有文旅平台公司合作运营,提升市场化运营效能,推进平台健康可持续运营。创新市场运营模式,坚持以活动为牵引,联合景区等策划组织系列优惠活动,实现以活动引人、以活动留人。加强与金融机构、联通公司等部门合作,实现资源共享、优势互补。坚持以平台赋能文旅,以服务提升价值,以特色化、差异化塑造核心竞争力,不断提升市场化、专业化运营能力。

3.加大政策支持力度

建议通过政府购买服务、财政补贴、宣传推广、智慧化项目建设等,加大平台扶持力度,通过资源整合、活动支持、政策扶持等,帮助其完成自身造血,实现可持续发展。

4.全面加强宣传推广

建议将"字都安阳"融入安阳文旅大宣传,与旅游推介、景区营销捆绑宣传,一体推广。建立"字都安阳"宣传推广新媒体矩阵,通过抖音、快手、小红书、哔哩哔哩、微信、微博、网站等进行矩阵式传播推广。同时,加大传统媒体和线下宣传推广力度,始终保持"字都安阳"宣传推广热度,不断提升"字都安阳"关注度和使用率。

二、安阳市公共文化云平台

安阳市认真贯彻落实国家、省文化数字化战略,持续做好平台内容的建设和运营,优化基层供给效率,提升公共文化服务效能,努力实现全市优质文化资源全民共享。

(一)基本情况

安阳市公共文化云平台是由市文广体旅局主导打造的公共数字文化服务产品,由1个市级总平台和9个县(市、区)子平台构成,包含电脑(PC)端(支持国产电脑系统)与手机端微网站(H5)应用。平台坚持开放共享理念,不仅能实现县(市、区)子平台与市级总平台数据实时共享,也能与省"文化豫约"和国家公共文化云等平台互联互通。

(二)产品板块

安阳市公共文化云平台按照省"文化豫约"平台建设标准和要求,开通了以"学才艺、享活动、订场馆、看直播、看展览、赶大集、读好书"为核心的基础服务功能。

1.学才艺板块

推出书法、戏剧、摄影、文学、曲艺、美术、舞蹈、非遗、音乐等课程门类,提供课程点播、在线培训、在线直播、互动交流、作品上传等服务。同时还将建立以文化馆(站)业务干部、文化志愿者、艺术专业人才组成的以普及、提升群众艺术素养为目的的地方师资库。

2.享活动板块

主要展示全市区域性、地方性全民艺术普及品牌活动,包括志愿活动、公益活动、品牌活动、文化活动、艺术活动、节日活动等。

3.订场馆板块

采集、发布全市文化馆(站)、图书馆、博物馆、美术馆、健身馆、甲骨文书屋等公共文化体育场馆信息,开通地图显示功能,用户可查询场馆信息、预订场馆、预约服务等。

4.看直播板块

以展览带看、艺术普及、展演直播、专题讲座、文化活动、竞赛直播为主,推送竞赛性、展演性、惠民性群众文化直播活动。下一步,计划建立专门的网络直播间,组建网络直播团队和数字化工作室,开展多种形式的网络直播活动。

5.看展览板块

突出文化与科技融合服务功能,结合现阶段火热的在线云游览,以AR、VR技术为基础,结合实景拍摄,把线下场景搬到线上进行观看,大大提高了群众的体验感。同时,在线展示全市优秀书法、美术、摄影、招贴画等文艺作品。

6.赶大集板块

重点推介全市文创、非遗产品,促进艺术普及文创消费。

7.读好书板块

对接智慧图书馆数字图书资源,提供在线电子书籍阅读、听书、荐读等功能。

(三)特色功能

结合安阳文旅实际需求,平台还开通了"公共文化产品配送系统、文化云大数据分析、视频监控、舆情监测、文采会"5项特色功能。

1.公共文化产品配送系统

实现公共文化主体在线招募、公共文化产品在线申报、群众需求在线点单、公共文化服务在线配送。相关数据能够实时同步至省"文化豫约"、国家公共服务云平台。

2.公共文化大数据系统

依托安阳市公共文化云系统运营数据,围绕群众公共文化喜好、公共文化产品供给情况、公共文化服务质量等维度,建立了市、县(区)两级可视化公共文化大数据统计和分析平台。

3.文化场所视频监控平台

可将全市各类文化场馆、文化市场经营主体视频接入至安阳市公共文化云数据分析和管理系统,实时查看场所情况,实现网络巡查和安全监管功能。

4.网络舆情监测系统

通过对主流网站内容关键字、词的设置,进行监测统计,第一时间快速预警负面舆情,及时发现和处理负面信息。

5.文化和旅游公共服务产品采购大会

及时发布公共文化产品采购需求,集中展示安阳市公共文化主体风采、公共文化产品服务内容、群众公共文化需求、公共文化产品交易情况等。

三、安阳市智慧图书馆应用管理平台

为整合全市图书资源,服务广大群众,加快书香城市建设,2022年,根据国家、河南省有关文件和市领导要求,结合安阳甲骨文书屋及市图书馆、市少儿图书馆整体迁建工作,市文广体旅局启动了智慧图书馆应用管理平台项目招标和建设工作。

(一)基本情况

智慧图书馆应用管理平台项目包括智能图书馆管理平台、移动图书馆、图书馆服务数据显示平台、中央管理平台等四大软件系统,具备手机借阅、异地借还、可视化数据监测、书屋视频监控、远程设备智能监测等功能。其中,智能图书馆管理平台软件是基于 B/S 架构的图书馆管理系统,主要由采访分系统、编目分系统、典藏分系统、流通分系统、期刊分系统、系统管理员分系统及 OPAC 公共检索平台组成;可以在各县区建立图

书馆分馆,从市级馆到县级分馆,到甲骨文书屋,实现分级管理。移动图书馆软件是基于微信端的一套图书馆应用软件,读者可以通过微信公众号实现手机借书、外卖借书、图书检索、图书转借、在线阅读电子图书、线上朗读、线上检索等功能,极大地方便读者使用。图书馆服务数据显示平台软件能够实时展示图书馆进出馆人数、借阅排行榜、图书排行榜、图书推荐等,同时可以有效对安阳现有城市书屋实现管理,包括各个书屋的进出馆人数、借阅管理,可以查看监控视频远程巡视书房。中央管理平台软件为图书馆的自助设备提供方便管理的解决方案,及时掌握设备的运行情况,知晓硬件的突发故障,以便及时进行快速处理,提高服务效能。

(二)建设成果

智慧图书馆应用管理平台项目基本建成,并在市图书馆、市少儿图书馆、甲骨文城市书屋以及部分县(市、区)图书馆成功进行了应用,初步实现了全市图书资源的有效整合和无障碍流通。手机借书、快递借书(建设中)、跨区域借还、丰富的数字图书资源、精准的数据监测分析等智慧化图书馆功能的实现,极大地方便了广大读者。下一步,规划进一步扩大智慧图书馆平台应用范围,全面连接并支持全市各类社会图书资源,整合全市图书资源整合,提高服务效率和服务水平。

四、甲骨文大数据平台——殷契文渊

殷墟已发现近16万片甲骨,甲骨文单字有4500多个,已经释读的有1600余个。已发现的殷墟甲骨分别收藏于世界各地的图书馆、博物馆、高校、科研单位等180余家机构及个人收藏者手中,实物集中研究困难重重。随着时间推移,一些甲骨因保护不善而风化、破碎,或雕刻字迹逐渐湮灭。全球现存殷墟甲骨,亟须数字化保护。随着数字技术发展,甲骨文物数字化建模与数字化三维全息采集,甲骨文碎片整合与智能化缀合,已经成为可能。

(一)平台架构

2019年,安阳师范学院教育部重点实验室——甲骨文信息处理实验室,自主研发了"殷契文渊"甲骨文大数据平台,包括甲骨字形库、甲骨文献库、甲骨著录库、甲骨文知识服务平台,已完成了四期建设。"殷契文渊"甲骨文大数据平台免费开放,是目前世界范围内资料最权威、最规范、最全面的甲骨文数据平台,截至 2023 年 12 月,共收录甲骨著录 152 种、甲骨图像 234 762 幅、甲骨论著 33 389 种。

"殷契文渊"第一期搭建了数据库基础框架;第二期为了建立数据关联,增加了相应数据;第三期为了使用的便捷性,设计了手机版,同时提高了数据质量;第四期改进了数据库框架,有利于用户更加顺畅、快捷使用。"殷契文渊"将持续补充基础数据,针对甲骨文语言计算、计算机自动缀合甲骨文系统、甲骨文知识图谱、甲骨文识别与字形分析等,利用人工智能技术进行数据分析。

(二)建设成果

2023 年,甲骨文信息处理实验室联合中国社会科学院考古研究所安阳工作站、安阳市文物局、腾讯可持续社会价值事业部共同启动"甲骨文全球数字化回归计划",利用亿级像素专业相机,通过微距拍摄、高清拍摄、三维建模等,进行全信息采集,一片甲骨全方位拍摄 100 余张照片,甲骨实物实现数字空间高保真还原。同时利用红外摄影、微量元素分析、光谱分析,产生不同的图层,努力为甲骨学深入研究提供参考与借鉴。

2023 年,甲骨文信息处理实验室通过微信推出"了不起的甲骨文"小程序,让公众更加便于接近甲骨文。微信小程序中有"我的""首页""创造""学习"4 个板块。"首页"板块中的"数字焕活"提供了三维高清甲骨信息构建的"甲骨文全信息模型";"创造"板块提供了根据甲骨文造字知识"自创"文字的实践;"学习"板块包含已释甲骨文字和未释甲骨文字,用户登录后可以参与甲骨文的破译及考释研究工作。2023 年,世界互联网大会乌镇峰会举行"携手构建网络空间命运共同体"实践案例发布展示活动。由甲骨文信息处理实验室与中国社会科学院考古研究所、腾讯 SSV 数字文化实验室联合申报,多个国家、不同组织和机构共同完成的大型国际化项目"让甲骨文以数字化形式回归殷墟"案例,入选《2023"携手构建网络空间命运共同体"实践案例集》。

五、博物馆数字化建设

博物馆数字化建设旨在激发博物馆的内生潜能,提升文物保管保护、陈列展览、观众体验等核心业务的品质。博物馆数字化可以分为线上与线下两部分。线上数字化以官方网站为主要的窗口,包括线上博物馆,在线高清图片、视频,文物数据库和三维模型等。线下数字化主要围绕博物馆展览展开,数字化引入展览,更好地满足观众对数字化互动体验的需求,包括但不限于微信导览、VR、AR 等。

(一)中国文字博物"字里乾坤"数字化展厅

"字里乾坤"数字化展厅由中国文字博物馆邀请北京师范大学文学院院长王立军教授团队,结合汉字教育及汉字研究方面的最新成果编写文本,经过同行业专家多次评审,历经 3 年时间,精心打造而成。展厅定位是以青少年为主进行汉字知识普及的互动展示,活泼轻快,寓教于乐,动手性强是其主题特色。展厅从汉字音、形、义的角度,解码汉字,让游客加深对汉字构型的理解,并精心设置多种互动体验环节,让游客在声光电的交互中观展学习。

"字里乾坤"数字化展厅分为 10 个单元,分别为天文气象、地理水文、动物植物、占卜祭祀、天干地支、田猎农耕、武器战争、衣食住行、人与人体、和谐家国。内容以字形说解作为知识的支撑、以体验互动为具体呈现方式,营造探索、体验、互动的空间形式,让汉字自己说话,通过现代科技手段的展示,将此前只能根据书本记载所想象的文明呈现在观众面前,达到学术性、科普性、艺术性的完美融合,让书写在古籍里的文字活起来。让观众在"身体力行"和"视听盛宴"中开启汉字的奇妙之旅,探寻汉字王国中的无尽宝藏。

(二)博物馆数字藏品

2021 年 12 月,国务院印发了《"十四五"数字经济发展规划》,我国新时期数字经济发展战略开始全面发力。

1. 中国文字博物馆数字藏品

为响应文化产业数字化,推动数字中国战略实施,中国文字博物馆借助文创数字作品新兴模式,利用馆藏文字资源,将古老的甲骨文通过数字藏品走向社会大众,实现了甲骨文等古文字活化传承开发。中国文字博物馆将不断创新文化形式,将数字作品与实物文创产品相互补充,推动文创产业高质量发展,让甲骨文等古文字在当代焕发出新的活力,发挥独特的时代价值。

2022年4月,中国文字博物馆与雷鹿文创、华冠文化联合创作"中国甲骨文祈福系列"数字藏品6款,限量发行,共计30 000份,在淘宝App、阿里拍卖进行发售,并实现永久收藏、鉴赏和展示分享。上线的6款数字作品分别为《吉人天相》《国泰民安》《降福无疆》《天下康宁》《长生未央》《永宝用享》。创作者以中国文字博物馆馆藏的卜甲、青铜器、瓦当、竹简、陶器、玉石等文物为设计灵感,以甲骨文文字为创作主体,通过动态的数字艺术形式,表现文物质感,展现甲骨文等古文字背后的故事,还原甲骨文等古文字中的商代文明。

2022年5月,中国文字博物馆再次联合雷鹿文创、华冠文化共同创作了6款"中国甲骨文趣味系列"数字藏品,分别为《打工人打工魂》《守护绿马》《接着奏乐接着舞》《锦鲤护体前程似锦》《厉害了我的国》《永远的神》,每款限量500份,作品拥有唯一编号,具有永久收藏、不可复制和篡改等特征。该作品以甲骨文为设计灵感,辅以丰富的色彩搭配为背景装饰,并通过创意文字组合的形式,转化成直观形象的角色,配上网络流行语,带领大众穿越3000年时空与甲骨文对话,一睹千年文明,赋予甲骨文时代新意。

2. 殷墟数字藏品

殷墟借助数字艺术藏品这种新兴模式,对历史文物进行活态化的传承开发,推动优秀传统文化的时尚化表达,让文物走出博物馆,赋予其新的生命,能够和年轻群体产生深层次的情感链接,吸引更多人关注文物的文化价值。

2022年1月29日,安阳殷墟、华冠文化联合雷鹿文创共同创作发行的3款3D数字藏品,在鲸探上线。3款藏品分别为《亚长牛尊》《司母辛鼎》《亚址方尊》,每份藏品10 000份,5秒内全部售罄。3件文物均为殷墟的镇馆之宝。亚长牛尊是殷墟发现的唯一一件牛形青铜尊,是商代青铜器中的精品,其造型奇特瑰丽,纹饰繁缛精美。栩栩如生的造型体现出工匠对水牛特征把握的精准性,也是当时殷墟气候的直接反映。司母辛鼎是武丁时期的断代标准器物,反映了武丁一代在文化艺术上的杰出成就,对研究武丁时期的社会经济有重要价值。亚址方尊为殷商晚期大口折肩尊的经典之作。

殷墟数字藏品将3000多年前的器物更加生动鲜活、多元立体地呈现在大众面前,让在博物馆里不能触碰的文物变得触手可及,在数字世界里一展风姿,对于展示中国历史文化,探索文物与科技结合创新发展提供了更多可能性。殷墟希望利用数字艺术的形式对文物进行活态化的开发和传承,通过区块链技术赋予每件数字作品唯一的标识编码,从而在保护相应知识产权的前提下提升文物收藏价值,丰富用户的收藏体验。

第六节　对外宣传与全媒体传播

新媒体时代,随着数字媒体、人工智能、大数据、云计算、VR、AR技术的不断突破与创新,城市文化传播呈现出整体、全要素、多维度的特征,城市文化的体验与传播可能出现在与城市相关联的任何一个现实或虚拟时空节点。

安阳紧紧围绕"殷墟甲骨文""红旗渠"两大核心文旅品牌资源,全方位展示安阳形象,讲好安阳故事。拓宽国家级、省级媒体宣传平台,打造"中央媒体、省市媒体、互联网大平台、自媒体"四级联动媒体传播矩阵。

一、安阳融媒全媒体传播

2022年4月,中宣部、国家广电总局、财政部首批全国市级融媒体中心建设试点城市(60个)发布,安阳位列其中。2023年2月,原安阳广播电视台、原安阳日报社合并成立安阳融媒传播集团有限责任公司、安阳市融媒体中心。

（一）组织框架

安阳融媒采用"两块牌子、一套班子、一套人马"管理模式,以编委会、经委会、管委会三大板块整体布局,构建"大部制、扁平化"管理体制,通过优化流程,构建新闻内容生产与宣传推介、产业项目经营与管理、平台建设与运营等全媒体融合生态链条,打造内容生产管理运行新机制。

安阳融媒坚持融合发展,打破了电视、广播、报纸、客户端、网站等媒介壁垒,所有业务机构与传播平台实现互融互通,从"你中有我,我中有你"向"你就是我,我就是你"健康发展。

（二）创新发展

1. 内容优化生产

安阳融媒坚持"内容为王、创新为要",从内容生产流程入手,构建了高效协调、集中指挥、一体调度、全媒生产传播的新型采编运行机制,《沿着习近平总书记的足迹看安阳》《沿着红旗渠听故事》《"牢记领袖嘱托感恩加压奋进"系列报道》等众多优质融合新闻产品持续推出,广受群众好评,收视率不断攀升。

2. 自有平台建设

在"统一作战"的大传播理念指导下,53个新媒体账号被重新整合,打造新媒体传播矩阵,影响力不断扩大,安阳融媒抖音粉丝数增至80余万,安阳融媒新浪微博粉丝数增至90余万,安阳融媒微信公众号关注量增至50余万。

3. 体制机制创新

安阳融媒为了打通互通协同环节,出台相关政策,完善一系列体制机制,实现全媒体矩阵互通共融,发挥一体化效能。对全体人员进行重新调配,通过双向选择、全员竞聘的方式,达到人尽其才;通过设置"无差别项目奖励",打通电视、报纸、新媒体之间内容壁垒;探索建立绩效取酬的考核制度,考核奖励、绩效工资向一线采、编、播人员倾斜;强化学习与培训,建设"提笔能写、对镜能讲、举手能拍"的专业人才队伍。

(三)文旅全媒体传播

1.创品牌

安阳融媒成立之后,市县两级融媒协调联动,突出地方文化特色,讲好安阳文旅故事,制作播出了《上新了安阳》《云游安阳》等精品报道,凸显地方特色,让文旅故事更加生动、翔实,更具吸引力。旨在为安阳名优特色文化旅游产品进行推介宣传,安阳融媒整合资源,联合各县区制作播出的大型报道《上新了安阳》,采取主持人沉浸体验的方式,内容以县区文旅名优特色产品甄选、推介为主,形式新颖,广受欢迎。《上新了安阳》已录播完成文峰篇、汤阴篇、内黄篇、安阳县篇、林州篇,开始陆续播出发送,已播出节目抖音号点击量超 10 万,《红旗渠人家民宿》《崇召西瓜》等多个作品达到百万级点播量,全国各地网民评论近万条,触发了众多安阳游子思乡之情,激发了各地群众实地游览体验的热情。《云游安阳》以媒体融合方式,对殷墟、红旗渠·太行大峡谷以及相州盘扣、吕村战鼓、跑帷子等非物质文化遗产项目进行网络直播,让观众实时感受到安阳地域文化的独特魅力。前 7 期系列直播活动在线观看人数超4300 万人次,充分展现了安阳文旅品牌的精彩之处,极大地吸引了各地潜在旅游顾客。

2.抓活动

2023 年,安阳首次举办甲骨文识读大会,在香港亚太第一卫视播出,全国 11 万余名选手参加比赛;2023 年 4 月,曹操高陵遗址博物馆开馆报道荣登全国博物馆十大热搜榜首;2023 年 11 月,安阳红旗渠机场通航报道网络直播收看人数超 500 万。2023 年,安阳融媒精心策划,围绕重大节庆时间节点,密切联动自媒体,大力宣传"古城夜游""洹河夜游"文旅品牌项目;安阳文旅、文创活动报道 4 次登上中央电视台《焦点访谈》,提升了安阳文旅品牌的知名度与美誉度。

"良渚、二里头的文明曙光,殷墟甲骨的文字传承,三星堆的文化瑰宝,国家版本馆的文脉赓续……泱泱中华,历史何其悠久,文明何其博大,这是我们的自信之基、力量之源。"2024 年新年前夕,国家主席习近平发表二〇二四年新年贺词,引发全社会强烈反响。安阳融媒谋定而动、迅速

响应、率先发起,联合央视频、封面新闻、潮新闻、掌上洛阳共同打造了这
场五地跨区域联动直播的《文脉千年回响》大型融媒体特别节目,充分展
示了媒体深度跨界融合不断破圈、开辟新赛道的崭新面貌。特别节目分
为走进杭州良渚博物院、洛阳二里头夏都遗址博物馆篇章"探寻文明曙
光",走进安阳殷墟博物馆篇章"探寻文字传承",走进四川(广汉)三星堆
博物馆篇章"探寻文化瑰宝",走进北京中国国家版本馆中央总馆篇章
"探寻文脉赓续"四个篇章。据不完全统计,本次直播当日总观看量突破
1560 余万人次;发布相关宣推稿件约 300 条;相关视频、图文、直播、话题
等内容总阅读量 4680 余万。人民日报、新华网、中国新闻网、中国日报、
央视频、央广网、环球时报、光明网、中青网、大象新闻、大河报、顶端新闻、
搜狐视频、爱奇艺、重庆卫视、山西卫视等全国100 余家主流媒体通过多
个网络平台对本次活动进行了广泛关注与同步直播。书目以独特的全新
视角和叙事形式,呈现了一场探寻中华文脉的文化"盛宴",极大地提升
了"殷墟甲骨文"的知名度与美誉度。

3. 强化自媒体建设

中国互联网络信息中心发布的第52 次《中国互联网络发展状况统计
报告》显示,截至 2023 年 6 月,全国网民达 10.79 亿人,互联网普及率达
到 76.4% 。自媒体因其内容的趣味性、贴近性,收看互动的便捷性,占据
媒体的份额越来越大。安阳融媒注重自媒体融合发展,加强与自媒体的
深度融合,创新发展,力争社会效益和经济效益取得双丰收。

安阳融媒精心策划了《小可大发现》《融媒街访》《华山论见》等原创
栏目,已播出发送节目 200 余期。因其内容更加贴近生活、贴近百姓,主
持人风格更加平实、质朴,广受青年受众群体喜爱。2023 年 10 月,安阳
融媒与河南广播电视台签署战略合作协议,开启"伙伴助力计划",帮助
安阳融媒签约主持人成长为主流网络达人。

安阳融媒优化主流媒体与自媒体沟通交流渠道,众多网红账号入驻
安阳融媒 App,形成稳定的合作伙伴关系。自媒体优秀原创作品《早安
安阳》文图内容、短视频并重,广受安阳百姓欢迎。自媒体还参与了安阳
融媒《城市领读人》《故事里的安阳》等文化栏目,合作态势良好。

安阳融媒融合社会资源,中国(安阳)国际汉字大会报道、"精忠报国

为党献歌"演唱会报道、第十九届世界漫画大会报道,把握受众心理需求、情感需求,由单向传播到双向交流、多点互动,丰富了安阳文旅报道形式,内容形式更加丰富、更接地气,广受好评与欢迎。

(四)创建安阳文化旅游频道

安阳融媒经过深入调研、科学论证,为了更好地满足古都安阳广大群众精神文化生活的新需求,突出安阳文化旅游的亮点、特色,推进文旅文创深度融合及文旅品牌建设,助力讲好新时代安阳故事,拟创建安阳文旅频道。安阳文旅频道的创建旨在为古都安阳建设成为国际旅游目的地的目标营造浓厚的舆论氛围,提供坚实的宣传支撑。

1. 频道定位和栏目设置

安阳文化旅游频道规划每天播出节目时长16.5小时,除了动画片和电视剧外,以自制节目为主,同时吸纳优秀的合作伙伴及引进节目。内容布局上,力求做到观念新、内容好、编辑巧、制作精,紧紧把握丰富性、权威性、参与性的原则,努力把文化旅游频道做成安阳荧屏的文化大餐。安阳文化旅游频道拟开设以下栏目:

(1)《文旅快报》。周播,集萃本地文旅新闻,梳理重要文旅动态,报道文旅工作成绩,发布文旅最新动态,时长10分钟。

(2)《故事里的安阳》。周播,精心选题,精准策划,围绕安阳历史人文故事和现代城市发展,以历史人物、历史事件、文化现象、文化热点为载体,推出系列专题类节目,每期5~10分钟。

(3)《字都书韵——城市领读人》。周播,作为读书交流的平台,每期由一位安阳代表人物推荐一本好书,展示全民阅读、打造书香安阳的无穷乐趣,揭示书籍里的安阳故事和人文情感,时长5分钟。

(4)《当歌》。周播,利用与安阳诗词学会联办的节目,为文学爱好者提供一方集诗词、朗诵、赏析于一体的展示欣赏舞台,时长10分钟。

(5)《小可大发现》(文旅版)。周播,围绕安阳文旅热点,创意策划文旅精彩看点,透过年轻人的视角和创意策划,运用话题类访谈方式,大屏小屏同时呈现文化之美、历史之美、风景之美、人文之美,时长5分钟。

(6)《华山论见》（文旅版）。周播,结合安阳文旅热点、亮点、焦点、痛点、堵点,通过独到视角,犀利点评,麻辣热议,解读、回应、关切安阳文旅现象,时长5分钟。

(7)《街访》（文旅版）。周播,紧盯安阳接地气的好吃、好喝、好玩的地方和项目,运用蒙太奇手法和精彩访谈,引领文旅消费热点,时长5分钟。

(8)《味道安阳》。日播,用全新的视角和手法,带观众品味安阳历史与现代交融的美食味道和味道里的故事,做到有声有色,有滋有味,时长待定。

(9)《甲骨文识读大赛》。季播,通过趣味竞答,把甲骨文识读普及搬到电视屏幕上呈现,在第一季的基础上不断优化参与流程、节目呈现形式,传播甲骨文化,打造中华字都品牌,时长待定。

(10)《每周一歌——我为安阳唱首歌展播》。内容、时长待定。

(11)《甲骨文动漫》。周播,以目前已被业界认可、已经识别的甲骨文为原始素材,制作文字演变动画和甲骨文系列微动画,通过甲骨文、金文、篆书、草书、行书、楷书等历史演进和不同书法形式予以展示,追溯汉字之源,感受汉字魅力,激发受众的民族认同感与国家自豪感,时长5分钟。

(12)《安阳影像志》。双周播,利用原安阳电视台媒资库、磁带库等历史资料,深入挖掘安阳人记忆深处的历史印记、发展年轮,时长10分钟。

2. 频道筹备情况

在安阳市委、市政府的支持下,安阳融媒多次外出学习借鉴相关地市的成熟经验,对文旅频道的栏目设置进行了认真规划和整体设计,并对现有文化旅游类栏目,进行适当改版和设计,精选题材、精心制作,同时广泛征求意见和专家论证,力求节目能够体现历史文化名城的水准,全面提升节目的质量和收视率。目前,安阳文化旅游频道已向上级申报,处于等待审批阶段。

二、请进来走出去,强化宣传推介

(一)请进来

强化与知名互联网公司合作,与携程、马蜂窝、美团、飞猪、抖音、快手、高德地图、康辉旅游等密切合作,借助网络平台导入流量,推出了中国旅行者大会、"遇见最美安阳"、"古都安阳飞常美"抖音挑战赛、最美自驾游线路等重大文旅推介宣传活动。推出"诵诗识字来安阳"主题宣传推广活动,举办"精忠报国 为党献歌"群星演唱会、海峡两岸周易文化论坛、航空运动文化旅游节、世界遗产旅游推广联盟大会等活动。

2023年先后举办了最美安阳短视频大赛、中国旅行者大会、中国乡村旅游论坛、第十九届世界漫画大会、国际汉字大会等重大文旅活动。将豫晋冀鲁交界区域四省七市(长治、邢台、邯郸、聊城、濮阳、鹤壁、晋城)作为重点进行培育,成功召开豫晋冀鲁四省七市协作机制第一次联席会议,推出豫晋冀鲁协作机制城市首道门票半价优惠政策以及"入住古都安阳·免费游览景区""扫一扫,领门票"、自驾安阳"油"礼、凭《封神》电影票免费游羑里城等惠游安阳活动,面向河南省全境和晋冀鲁豫四省七市发行安阳文旅惠民卡4.5万张,举办"遇见最美安阳"协作城市媒体采风活动,推进产品共融、市场共拓、环境共治、政策共享。

(二)走出去

2023年安阳连续在京津冀、大湾区、长三角举办"红旗渠——殷墟"文化旅游推介和招商活动;积极融入中部崛起、京津冀协同发展国家战略,在北京、郑州、天津开通了20列"安阳"号地铁专列,每节车厢设置有不同安阳文旅品牌宣传推介,殷墟、红旗渠、林州太行大峡谷的宣传彩图图文并茂,精彩纷呈。

中国文字博物馆大型主题展览"汉字"巡展,面向海内外受众,传承弘扬中华汉字文化。"汉字"巡展以中国文字博物馆馆藏精美文物为载体,全面系统展示汉字的源起、演变、发展及历史应用,汉字的书法艺术及精华妙趣,鲜活生动地呈现在世界面前,精彩演绎中国故事。"汉字"巡展已建成体验基地11个,在国内外展出130余场,成为让世界了解中国文化的桥梁纽带。"汉字"国内巡展,已在国内 18 家文博单位成功举办,通过汉字文化弘扬和传承中华优秀传统文化。"汉字"国内巡展,开展进机关、进校园、进社区、进企业、进军营等系列活动,全国近 20 个机关、50 余所学校、10 余个社区举办了展览。"汉字"国际巡展以推介宣传中华优秀汉字文化为主题,赴法国、美国、英国、加拿大、印度、德国、泰国、日本等国家和我国香港、澳门、台湾等地区,举办展览 30 余场。"汉字"大型巡展已被国家列入"中华文化走出去工作重点任务项目"目录,成为安阳、河南乃至国家层面传承中华文明,讲述中国故事,促进文化对外交流的一个标志性文化品牌。

2023 年 11 月 21 日,"红旗渠精神进校园巡展"活动在郑州大学正式启动。活动启动后,计划于 2023 年 11 月至 2024 年 5 月分别在清华大学、北京大学、西安交通大学等全国 20 所大学进行巡展,并做主题宣讲。活动旨在贯彻落实习近平总书记重要指示,让红旗渠精神再次叫响,激励人民群众特别是青年大学生继承和发扬吃苦耐劳、自力更生、艰苦奋斗精神,奋进新征程,建功新时代。巡展共分"前言、红旗渠就是纪念碑、红旗渠是拼出来干出来的、永远值得铭记的英雄史诗、红旗渠很有教育意义、幸福都是奋斗出来的、强国必先强农、红色基因代代相传、红旗渠故乡·安阳欢迎您、结束语"等部分,突出介绍红旗渠修建过程和红旗渠精神的传承发展。

三、举办影视演出活动

影视演出活动为目的地旅游形象的塑造和推广,提供了新的方式和途径,有利于旅游目的地文化传播、品牌提升、业态升级。

大型歌舞剧《甲骨文》、情景剧《殷墟遗梦》、情景剧《众里寻他》、电影《天命玄女妇好》舞美、服装、造型精心设计,剧情内容精彩,殷商文明华彩乐章闪亮重现,观众叹为观止。"一字千年·博物馆奇妙夜""商人福地"主题古装巡游等活动,带给游客真实的沉浸式体验,故事、场景、情感交相辉映,游客反映良好。殷墟博物馆《殷墟考古故事》微动画,以简单易懂的文字、生动活泼的画面,讲述殷墟考古百年发掘过程,荣获河南文物全媒体传播 2023 年度优秀项目。2024 年 1 月 5 日,在即将竣工的殷墟遗址博物馆一楼大厅上演了"大邑商之夜"时装秀,包含青铜纹饰、甲骨文字等殷商文化元素的80余套服饰高光展现,惊艳了现场观众。时装秀网络平台视频播放量、转发量当日接近百万。"洹河夜游"文旅项目,通过《震古烁今》《文明根源》《玄鸟生商》《薪火相传》《妇好出征》篇章,进行沉浸式、行进式演绎,精彩讲述殷商历史故事,观赏游客超百万人次。

安阳联合中央电视台制作播出了《国家宝藏》殷墟专场文博节目、《宅兹中国——文字之都豫华章》音乐节目、《甲骨文探秘》科教节目等,采用多种艺术表现形式,将殷墟甲骨文的历史文化鲜活、生动地展现于世人面前。2021年10月,电视连续剧《红旗渠》在央视一套首播,收视率在同时段播出的电视剧中稳居全国第一。

中国文字博物馆开辟了面向青少年的甲骨学堂,共打造12个系列、160余节文字文化和传统文化主题课程,课程获得国家和省级荣誉50余项,先后举办汉字科普教育活动1500多场,近6万个家庭参与了活动。教育部授予中国文字博物馆"全国中小学生研学实践教育基地"之后,中国文字博物馆共接待研学学生65 000余人。研学团队专门打造了面向革命老区、山区和农村学校的"汉字精神励少年"主题研学教育,面向中小学生开展的"我爱甲骨文""开学第一课",以及基础教育"双减"项目"我们的汉字朋友"等教育课程,将研学教育带进中小学校园。中国文字博物馆已成为2021年至2025年全国科普教育基地、河南省优秀科普教育基地、河南省最具人气榜科普教育基地,"汉字精神励少年"项目获得国家语言文字推广基地建设项目,汉字文化开学季科普直播活动被评为全国科普日优秀活动。

四、城市建筑及装饰凸显安阳文化元素

2023年11月29日,安阳红旗渠机场正式通航。安阳特色文化元素是红旗渠机场最为鲜明的特色。四面飞檐的候机楼顶部设计,状似"安"字,符合安阳本地建筑风格,寓意平安吉祥。机场候机楼大厅内体现安阳文化元素的两幅大型壁画,充分展现民族精神与中华文化。安阳殷商文化大型壁画位于候机楼大厅南部,展现了文王拘而演周易、盘庚迁都于殷、武丁中兴盛况、女将军妇好出征等内容,形态生动传神,将殷商王朝重

大历史事件展现于世人面前。该壁画从衣帽服饰到车马、从甲骨文契刻到青铜器造型等多个局部细节都进行了深入细致的展现,较为生动地展现了殷商历史文化风貌,凸显了中华文明重要发源地安阳博大精深的历史文化底蕴与内涵。《太行魂》位于候机楼大厅北部,气势雄浑,生动刻画了从南谷洞水库到鹰嘴崖、从斗渠山村到红旗渠分水岭、从渠首到青年洞,充分展示了历久弥新的红旗渠精神。

安阳域内已建成 105 座甲骨文书屋、47 所甲骨文特色学校;文体中心、公交站台使用甲骨文装饰,高铁东站简化汉字与甲骨文双标指示;市区内 3.6 万多套道路窨井盖使用殷商龙纹饕餮图案。

五、甲骨文进校园

安阳市教育局围绕传承中华优秀传统文化主题,以殷墟甲骨文为切入点,大力推进"甲骨文进校园",用殷墟甲骨文故事讲述根脉相连的中华文明,提升少年儿童学习、探索殷商文化的兴趣,增强少年儿童文化自信,为打造殷墟甲骨文中华文化新地标贡献教育力量。

安阳各中小学按照科学性、实践性、趣味性的原则,根据各学校具体实际,构建了甲骨文特色课程教育体系。安阳市第二十二中编写的《甲骨文,打开国学经典的钥匙》,通过甲骨文字形源起及发展演变让学生学习甲骨文蕴含的国学哲理。市教育局为更好地推进甲骨文教育,组织专家学者实地指导甲骨文特色学校编写完成了《甲骨文书法教程》《好玩的甲骨文》《汉字小时候》等 50 余本甲骨文校本教材,为教育提供了更为专业系统的资料,让甲骨文真正进校园、进课堂,让中华优秀传统文化根植于学生心中。

北关区区直幼儿园将甲骨文主题活动和游戏融入幼儿教育活动,同时将甲骨文化教育从课堂延伸至课外,在园区设置各种甲骨文化元素,让孩子在项目探究活动和游戏中亲近、了解甲骨文化。安阳市中华园小学将甲骨文化特色教育融入学校教育,形成以语文教育为主体、艺术教育相辅助、校本教材引领、社团实践补充、研学体验拓展的教学模式,实现了甲骨文化特色教学与识字教学、美术手绘的巧妙结合,让甲骨文优美的线条、悠久的历史、深厚的内涵滋养学生心灵。

安阳市教育局以甲骨文化为切入点,积极推动中华优秀传统文化的传承创新、弘扬发展,推进识字诵诗系列活动,研发系列甲骨文识读、甲骨文陶艺创意、甲骨文书画等特色课程,引领中小学校和幼儿园凝练甲骨文化教育特色。全市已建成 47 所省市级甲骨文特色教育学校,让甲骨文化浸润、滋养校园学生。

安阳市教育局邀请山东甲骨文特色学校骨干教师莅临安阳开展甲骨文经验交流研讨会,两地甲骨文特色学校校长、骨干教师 200 余人欢聚安阳;邀请全省 60 余名甲骨文教育特色学校的校长莅临安阳参加《甲骨文知识进校园进课堂》研讨会。

六、甲骨文广播体操

2023 年 2 月,由教育部安阳师范学院甲骨文信息处理重点实验室牵头,安阳师范学院音乐学院骨干教师将文字、体育、舞蹈、音乐等多学科进行融合创新,编创推出了甲骨文广播体操。甲骨文广播体操共 9 节内容,使用 19 个甲骨文字,将古文字与音乐、舞蹈、体育等多学科融合创新,给古老的甲骨文字赋予新的生命力,让甲骨文走进了大众视野,达到集文化性、趣味性、训练性于一体的目标,使甲骨文绝学不绝、冷门不冷、代有传承。

目前,甲骨文广播体操已成为安阳市所有甲骨文特色学校的课间操,甲骨文广播体操已在全市 40 余所学校推广,师生参与超 5 万人,让学生们在锻炼身体的同时也能认识甲骨文,理解甲骨文。

第七节　城市形象识别系统建设

2022 年 10 月,习近平总书记考察安阳殷墟遗址时指出:"中国的汉文字非常了不起,中华民族的形成和发展离不开汉文字的维系。"借助此次考察契机,安阳市委、市政府全力打造"殷墟甲骨文"城市文化品牌,建设国际旅游目的地城市,积极融入"行走河南·读懂中国"品牌体系。2023 年 11 月 8 日,河南省委书记楼阳生在安阳调研,指出要深入挖掘文字承载的历史底蕴和文化内涵,传承弘扬中华优秀文化,推进文旅文创融合发展,把"殷墟甲骨文"打造成为中华文化新地标、中原文旅新名片,让更多的人在行走河南中读懂中国。

一、城市形象识别系统的含义及作用

良好的城市形象是城市竞争、发展的无形资产和巨大动力。依托自身的文化资源,凝练文化内涵,构建文化品牌,促进经济高质量发展,已然成为区域发展的必修课。城市形象战略是把企业形象识别系统——CIS(Corporation Identity System)理论应用于城市,通过对城市形象进行视觉识别、行为识别和理念识别等方面的系统设计,构建城市文化品牌、升华城市品质、推动城市发展的一种战略。城市形象识别系统通常包括理念识别(MI)、行为识别(BI)、视觉识别(VI)三方面的内容,对外它是城市文化识别的尺度,对内是城市居民内在的归属认同与文化自信。

二、安阳城市形象识别系统建设成果

新媒体时代,城市文化传播呈现出整体、全要素、多维度的特征,城市文化的体验与传播必须重视城市形象识别系统。就目前情况而言,安阳已建成105座甲骨文书屋、47所甲骨文特色学校;社区、广场、文化中心甲骨文主题的剪纸、绘画、书法活动丰富多彩;文体中心、公交站台使用甲骨文装饰,高铁东站简化汉字与甲骨文双标指示,市内3.6万多套道路窨井盖使用殷商龙纹饕餮图案。但是,"殷墟甲骨文"城市文化识别系统的整体设计、统筹规划、具体实施还有所欠缺,没有形成完整的城市文化识别系统。

三、利用城市形象识别系统,构建"殷墟甲骨文"文旅品牌

1.凝练"殷墟甲骨文"内涵、外延,构建理念识别系统

城市理念识别系统是对城市理想、信念、价值取向的高度概括,具有鲜明的目的性和计划性,以及强烈的主观创造性和发展的前进性。建议对安阳历史文化积淀、文旅资源优势、城市发展规划等进行深入调研分析,并在此基础上紧紧围绕"殷商甲骨文"核心要素,提炼概括"殷商甲骨

文"城市文化的内涵与外延,统一表述"殷商甲骨文"城市文化的核心思想理念,并把这些思想理念贯彻应用于城市建设、文旅项目、节庆活动之中,构建理念识别系统。

2. 统筹规划,规范城市公共活动,构建行为识别系统

城市行为识别系统是在城市管理理念指导下,所呈现出来的城市内部活动、政策、管理制度等。城市行为形象塑造就是将城市发展理念、制度规则结合城市文化品牌,转化为具有可视性、可操作性的行为,这需要城市内部各部门和市民的广泛参与。建议结合"殷商甲骨文"文化品牌内涵、外延,规章建制,整体、全面规划安阳全域的相关会议、展演、研学、影视等行为活动,构建"甲骨文故乡"行为识别系统,全面展现安阳城市管理水平、社会秩序,充分体现安阳良好的城市素质及精神风貌,促进城市个性养成,为国际传播提供坚实基础。

3. 整体设计、全域融入"殷商甲骨文"符号,建构视觉识别系统

城市文化形象的视觉元素是城市的历史积淀、集体记忆,以及城市物质文明与精神文明发展状况共同塑造的识别性符号,是一座城市人文历史和经济社会发展的综合表征。建议在充分调研的基础上,统一规划设计域内的"殷商甲骨文"视觉标识,包括外宣标志标识,车站、机场、广场、书屋、雕塑、壁画、公共厕所等公共场所建筑装饰,各种城市景观、亮化工程、道路绿化、路面井盖、路牌标识、隔离护栏等形态符号标识,建构"殷商甲骨文"视觉识别体系。通过文化创意元素和国际化视觉元素的结合,以文字、图片、视频、动画等多媒体方式建构出多面、立体、时尚有趣的"殷商甲骨文"城市文化视觉形象。

参考文献

[1]刘为民. 文化与旅游融合发展报告[M]. 济南:山东大学出版社,
　　2011.

[2]桑彬彬. 旅游产业与文化产业融合发展的理论分析与实证研究[M].
　　北京:社会科学出版社,2014.

[3]李锋. 文化产业与旅游产业的融合与创新发展研究[M]. 北京:中国
　　环境出版社,2014.

[4]中国旅游研究院,中国旅游景区协会. 中国旅游景区发展报告
　　(2018)[M]. 北京:旅游教育出版社,2018.

[5]陈修岭. 旅游、文化变迁与文化认同[M]. 北京:中国社会科学出版
　　社,2018.

[6]北京大学国家现代公共文化研究中心,北京市石景山区文化和旅游
　　局. 文旅融合:公共文化服务新动能论集[M]. 北京:国家图书馆出版
　　社,2019.

[7]庞学铨. 国际文旅融合示范案例研究[M]. 成都:四川人民出版
　　社,2020.

[8]于岚. 文化旅游概念不宜泛化[J]. 北京第二外国语学院学报,2000
　　(3):78-79.

[9]梁明珠. 广深珠区域旅游品牌与旅游形象辨析[J]. 江苏商论,2004
　　(6):124-126.

[10]简王华. 广西民族村寨旅游开发与民族文化旅游品牌构建[J]. 广西
　　民族研究,2005(4):187-191.

[11]徐菊凤. 旅游文化与文化旅游:理论与实践的若干问题[J]. 旅游学

刊,2005(4):67-72.

[12]朱桃杏,陆林.近10年文化旅游研究进展[J].旅游学刊,2005(6):82-88.

[13]余洁.文化产业与旅游产业[J].旅游学刊,2007(10):9-10.

[14]曹国新.旅游产业的内涵与机制[J].旅游学刊,2007(10):6-7.

[15]郭璇.国内文化旅游品牌化研究综述[J].农业科技与信息,2007(16):73-75.

[16]徐虹,范清.我国旅游产业融合的障碍因素及其竞争力提升策略研究[J].旅游科学,2008,22(4):1-5.

[17]马波.节会旅游迫切需要分类研究[J].旅游学刊,2009,24(2):5.

[18]任冠文.文化旅游相关概念辨析[J].旅游论坛,2009,2(2):159-162.

[19]鲍洪杰,王生鹏.文化产业与旅游产业的耦合分析[J].工业技术经济,2010,29(8):74-78.

[20]麻学锋,张世兵,龙茂兴.旅游产业融合路径分析[J].经济地理,2010,30(4):678-681.

[21]伍锋.论城市旅游品牌的塑造[J].吉首大学学报(社会科学版),2010(3):130-133.

[22]龙湘洋,王忠云.民族文化旅游品牌资产价值评价研究:以大湘西为例[J].经济研究导刊,2010(31):186-188.

[23]孙向荣.发挥政府主导作用推动地域文化旅游品牌建设[J].行政与法,2011(6):49-51.

[24]王忠云,张海燕.产业融合视角下民族文化旅游品牌价值提升研究:以湘西德夯为例[J].湖南商学院学报,2011,18(4):63-67.

[25]何建民.我国旅游产业融合发展的形式、动因、路径、障碍及机制[J].旅游学刊,2011,26(4):8-9.

[26]庄猛.从"产业融合"看文化产业与旅游产业的互动发展[J].躬耕,2011(1):58-59.

[27]吴金梅,宋子千.产业融合视角下的影视旅游发展研究[J].旅游学刊,2011,26(6):29-35.

[28]袁俊,刘建徽.文化产业与旅游业互动发展模式研究[J].改革与战略,2011,27(5):123-126.

[29]黄细嘉,周青.基于产业融合论的旅游与文化产业协调发展对策[J].企业经济,2012(9):130-133.

[30]程晓丽,祝亚雯.安徽省旅游产业与文化产业融合发展研究[J].经济地理,2012,32(9):161-165.

[31]付瑞红.文化产业和旅游产业融合发展的模式与路径[J].经济师,2012(9):16-17.

[32]丁雨莲,赵媛.旅游产业融合的动因、路径与主体探析:以深圳华强集团融合发展旅游主题公园为例[J].人文地理,2013(4):126-131.

[33]刘嘉毅.国内文化旅游品牌研究:回望与启示[J].北京第二外国语学院学报,2013,35(5):71-77.

[34]张海燕,王忠云.旅游产业与文化产业融合运作模式研究[J].山东社会科学,2013(1):169-172.

[35]朱梅,魏向东.国内外文化旅游研究比较与展望[J].地理科学进展,2014,33(9):1262-1278.

[36]付晓东,徐涵露.文化遗产的深度开发:以安阳殷墟世界遗产开发为例[J].中国软科学,2014(7):92-104.

[37]但红燕,徐武明.旅游产业与文化产业融合动因及其效应分析:以四川为例[J].生态经济,2015(7):110-113.

[38]金海龙,章辉.我国文化产业与旅游产业融合研究综述[J].湖北理工学院学报(人文社会科学版),2015,32(2):23-28.

[39]杨立新.文化旅游品牌资产价值评估模型构建[J].旅游市场,2016(6):78-80.

[40]厉建梅.文旅融合趋势下旅游景区的品牌提升战略:以山东天上王城景区为例[J].中国文化产业评论,2016,23(1):216-229.

[41]曲景慧.中国文化产业与旅游产业融合发展的时空变动分析[J].生态经济,2016,32(9):129-134.

[42]苑炳慧,辜应康.基于顾客的旅游目的地品牌资产量表开发和验证[J].旅游科学,2016,30(4):46-60.

[43]沈巧巧,罗康明.江苏旅游产业与文化产业融合发展问题及对策[J].现代商贸工业,2017,38(36):9-10.

[44]程善兰.文旅融合视角下苏州历史文化旅游街区的保护与路径探讨[J].商业经济研究,2017(12):135-137.

[45]熊正贤.文旅融合的特征分析与实践路径研究:以重庆涪陵为例[J].长江师范学院学报,2017,33(6):38-45,141.

[46]谢颖.基于PEST分析的文化旅游融合发展动力机制研究[J].开封教育学院学报,2017,37(8):262-263.

[47]周建标.文化产业与旅游业的产业链融合机制探究[J].新疆社科论坛,2017(5):54-57.

[48]韩彩霞.文旅融合背景下文化旅游品牌的构建策略探微[J].江西电力职业技术学院学报,2018(4):151-152.

[49]宋伟,李钧.红色旅游品牌的发展与提升:以赣南红色旅游品牌为例[J].企业经济,2018,37(6):149-153.

[50]张仁汉.以"旅游+传媒"助推全域旅游新发展的现实路径[J].宁夏社会科学,2018(3):243-247.

[51]孙旭,吴赟.全媒体情境下城市旅游形象传播的理念、路径与策略[J].传媒,2018(12):75-78.

[52]陆梦亭,熊剑平.优质旅游品牌建设研究[J].合作经济与科技,2018(21):67-69.

[53]胡家镜,吕兴洋.国外旅游目的地品牌化研究述评[J].西南民族大学学报,2014(11):129-134.

[54]冯健."文旅融合"该从何处着手[J].人民论坛,2018(32):86-87.

[55]周春波.文化产业与旅游产业融合动力:理论与实证[J].企业经济,2018(8):146-151.

[56]孙冰.潍坊市文旅融合发展问题与对策研究[J].全国流通经济,2018(26):59-61.

[57]尼志静.新常态下驻马店市旅游产业与文化产业融合发展探析[J].时代金融,2018(23):82-83.

[58]夏爽.文旅融合背景下阆中古城的品牌塑造路径研究[J].旅游纵览

（下半月）,2018(10):141-142.

[59]贾一诺.文旅融合背景下的节庆旅游发展[J].人民论坛·学术前沿,2019(18):108-111.

[60]刘治彦.文旅融合发展:理论、实践与未来方向[J].人民论坛·学术前沿,2019(16):92-97.

[61]徐金海.文化和旅游关系刍论:幸福的视角[J].旅游学刊,2019,34(4):3-5.

[62]宋瑞.文化和旅游:多视角的透视[J].旅游学刊,2019,34(4):1-3.

[63]马勇,童昀.从区域到场域:文化和旅游关系的再认识[J].旅游学刊,2019,34(4):7-9.

[64]陈慰,巫志南.文旅融合背景下深化公共文化服务的"融合改革"分析[J].图书与情报,2019(4):36-43.

[65]燕连福.新时代文旅融合发展:一个新的增长极[J].人民论坛(学术前沿),2019(11):71-79.

[66]孙琼.差异化:民族地区文化旅游品牌形象构建的基本策略:以内蒙古为例[J].贵州民族研究,2019,40(1):35-38.

[67]白长虹.文旅融合背景下的行业人才培养:实践需求与理论议题[J].人民论坛(学术前沿),2019(11):36-42.

[68]张清荣.文旅融合视角下的区域文化旅游品牌塑造[J].文化产业,2019(24):1-3.

[69]李国新,李阳.文化和旅游公共服务融合发展的思考[J].图书馆杂志,2019,38(10):29-33.

[70]范周.文旅融合的理论与实践[J].人民论坛(学术前沿),2019(11):43-49.

[71]人民智库课题组,尹泽轩.调查报告:文旅融合发展,公众有哪些期待[J].国家治理,2019(12):3-21.

[72]朱舜楠.文旅融合背景下传统旅游企业转型升级研究[J].中国旅游评论,2019(1):87-93.

[73]刘鹏.文旅融合视角下沂蒙红色文化资源的旅游开发思考[J].人文天下,2019(7):15-21.

[74]鄢莹.公共图书馆文旅融合的典型实践与分析[J].图书与情报,
　　2019(1):111-114.

[75]柴焰.博物馆与旅游融合发展的路径探究[J].福建茶叶,2019,41
　　(8):107-108.

[76]何东蕾.文旅融合背景下对中国博物馆发展的思考[J].中国博物
　　馆,2019(4):112-117.

[77]余应木.基于文旅融合下基层文化馆文化服务探索[J].民族音乐,
　　2019(4):58-59.

[78]刘冰.文旅融合语境下文化馆文创产品开发策略[J].文化学刊,
　　2019(12):50-51.

[79]杨志纯.推动文旅融合发展从理念走向行动[J].艺术百家,2019
　　(1):1-4.

[80]傅东华.山东青州推动文旅融合发展的实践[J].中国国情国力,
　　2019(3):11-12.

[81]李娴,高院.民族非物质文化遗产旅游开发价值评价与实证[J].贵
　　州民族研究,2019,40(6):158-165.

[82]田志奇.文旅融合下旅游目的地互联网思维的产品营销及创新[J].
　　旅游学刊,2019,34(8):8-10.

[83]宫健.文旅融合背景下城市品牌形象传播研究:以"杭州城市记忆工
　　坊"为例[J].新媒体研究,2019,5(23):107-109.

[84]殷静蔚.甘肃省文化产业与旅游业的交互关系分析[J].黑龙江生态
　　工程职业学院学报,2019(5):22-26.

[85]张梦瑶.文化创意旅游竞争力评价指标体系与实证[J].特区经济,
　　2019(4):77-79.

[86]邓良柳.社交媒体时代民族文化旅游品牌营销的新路径:KOL营
　　销[J].贵州民族研究,2019(1):28-34.

[87]范舟.文旅融合:城市发展新动能[J].中国文化报,2019(1):27-31.

[88]赵燕.文旅融合助推潍坊文化旅游产业发展策略探究[J].现代商贸
　　工业,2019,40(22):6.

[89]黄永林.文旅融合发展的文化阐释与实践[J].人民论坛(学术前

沿),2019(6):16-23.

[90]蔡刚.基于模糊集定性比较的旅游品牌价值评价[J].统计与决策,
2019,35(16):63-66.

[91]文连阳."一带一路"沿线民族地区旅游品牌的价值共创[J].人民论
坛,2019(29):72-73.

[92]徐媛,陈婧.文旅融合背景下的文创产品开发设计研究[J].智库时
代,2020(5):9-10.

[93]张朝枝,朱敏敏.文化和旅游融合:多层次关系内涵、挑战与践行路
径[J].旅游学刊,2020,35(3):62-71.

[94]侯兵,杨君,余凤龙.面向高质量发展的文化和旅游深度融合:内涵、
动因与机制[J].商业经济与管理,2020(10):86-96.

[95]李宇军.中西部民族地区的文旅融合发展:现状、问题与对策分
析[J].贵州民族研究,2020,41(7):121-125.

[96]李丽,徐佳.中国文旅产业融合发展水平测度及其驱动因素分
析[J].统计与决策,2020,36(20):49-52.

[97]双林平.公共图书馆文旅融合服务创新模式和发展路径研究[J].图
书馆工作与研究,2020(1):20-28.

[98]王佼,王成成.文化馆在文旅融合发展中存在的问题与对策[J].文
艺生活(下旬刊),2020(5):234-235.

[99]周奇美,谭文静.农业与旅游业产业融合创新路径研究:以广东省廉
江市红橙农旅融合为例[J].经营与管理,2020(9):157-160.

[100]李国顺.文旅融合背景下文化旅游节庆的运作模式探究:以盱眙国
际龙虾节为例[J].旅游纵览(下半月),2020(4):185-186,211.

[101]曾博伟,安爽."十四五"时期文化和旅游融合体制机制改革的思
考[J].旅游学刊,2020,35(6):3-6.

[102]孔凯,杨桂华.民族地区乡村文旅融合路径研究[J].社会科学家,
2020(9):72-77.

[103]周沫.关于旅游产业与文化产业融合发展的思考[J].现代营销(下
旬刊),2020(7):156-157.

[104]胡海胜,胡晶.江西省文旅融合发展路径研究[J].黑龙江科学,

2020,11(20):146-148.

[105]张苏秋,顾江,王英杰.文化旅游融合发展研究知识图谱分析:基于知网 CSSCI(1998—2019)数据[J].南京社会科学,2020(4):142-149.

[106]徐翠蓉,赵玉宗,高洁.国内外文旅融合研究进展与启示:一个文献综述[J].旅游学刊,2020,35(8):94-104.

[107]王京华,张慧.文旅融合背景下河西走廊段城市品牌建设:以酒泉市为例[J].甘肃高师学报,2020,25(4):131-134.

[108]陈锋平,朱建云.文旅融合新鉴:桐庐县"公共图书馆+民宿"的实践与思考[J].图书馆杂志,2020(3):107-112.

[109]盛兴军,张璐.文旅融合背景下公共图书馆地方文献资源宣传推广研究:以浙江省地级市图书馆为例[J].图书馆学研究,2020(5):75-80.

[110]陆路,秦升.文旅融合背景下的公共数字文化服务创新发展:以陕西省图书馆"智能文化云地标"的建设实践为例[J].国家图书馆学刊,2020,29(2):32-40.

[111]程璐瑶,金彩玉.文旅融合助推黄河流域旅游高质量发展:以河南省为例[J].旅游纵览(下半月),2020(6):129-130,133.

[112]王雄青,胡长生.文旅融合背景下红色文化旅游高质量发展路径研究:基于江西的视角[J].企业经济,2020,39(11):100-107.

[113]党宁,楼瑾瑾,许鑫.颂红色华章:文旅融合对上海红色文化品牌的提升[J].图书馆论坛,2020,40(10):14-23.

[114]傅才武.论文化和旅游融合的内在逻辑[J].武汉大学学报(哲学社会科学版),2020,73(2):89-100.

[115]王艳红,秦宗财.文化带传统文旅品牌的形象塑造与国际传播[J].安徽师范大学学报(人文社会科学版),2020,48(2):107-114.

[116]魏立艳,刘潆檑.文旅融合背景下文旅企业品牌建构探究[J].文化产业,2020(14):4-7.

[117]邹泉.湖南省旅游产业和文化产业融合发展研究[J].中国地名,2020(3):31.

[118]刘凤.旅游产业与文化产业融合理论探析:以新型城镇化为背景[J].经营与管理,2020(2):132-135.

[119]岳芳敏,黄守丕.广东文旅产业融合发展实证研究[J].广东行政学院学报,2020,32(3):88-89.

[120]刘玉堂,高睿霞.文旅融合视域下乡村旅游核心竞争力研究[J].理论月刊,2020(1):92-100.

[121]李智丽.文旅融合背景下壮族传统节庆的活态保护与旅游开发研究[J].旅游纵览,2021(5):51-53.

[122]吴丽,梁皓,虞华君,等.中国文化和旅游融合发展空间分异及驱动因素[J].经济地理,2021,41(2):214-221.

[123]李响.红色文化和旅游产业:文旅融合的困境与路径[J].学术交流,2021(7):119-129.

[124]王秀伟.从交互到共生:文旅融合的结构维度、演进逻辑和发展趋势[J].西南民族大学学报(人文社会科学版),2021(5):29-36.

[125]彭菲,徐红罡.高等教育内涵式发展与对文旅人才培养的反思[J].旅游论坛,2021,14(5):17-25.

[126]虞骐胜,刘媛媛,曹微晗,等.连云港市文旅产业融合发展研究[J].合作经济与科技,2021(6):50-51.

[127]韩建中.文旅融合视角下的文化旅游满意状况及影响因素研究:以山西晋商文化旅游为例[J].西北师范大学学报(自然科学版),2021,57(4):78-84.

[128]李慧,余明明.旅游产业与文化产业耦合发展研究[J].牡丹江师范学院学报(社会科学版),2021(1):23-29.

[129]张国英.文旅融合背景下的旅游营销策略分析[J].现代营销(经营版),2021(11):76-78.

[130]隋明志,王慧.文旅深度融合下传统村落旅游脱贫思考[J].合作经济与科技,2021(6):180-181.

[131]张霞.文旅融合背景下文化馆的创新发展路径研究[J].青春岁月,2022(13):15-17.

[132]黄景文,王洪瑞.文旅融合路径研究的动态、演进和热点述评:基于

CiteSpace 的可视化分析[J].旅游纵览,2022(13):14-20.

[133]厉新建,宋昌耀,殷婷婷.高质量文旅融合发展的学术再思考:难点和路径[J].旅游学刊,2022,37(2):5-6.

[134]葛文杰.后疫情时代乡村文旅融合之策略[J].大众文艺,2022(19):208-210.

[135]王丹,高凯.文旅融合背景下康养产业的发展策略[J].老字号品牌营销,2022(18):31-33.

[136]陈文超,林源聪.社会性关联与乡村文旅融合发展中的地域特色营造:以川北坪村为例[J].江汉大学学报(社会科学版),2022,39(5):39-48,125.

[137]李任.深度融合与协同发展:文旅融合的理论逻辑与实践路径[J].理论月刊,2022(1):88-96.

[138]严云玉."大文旅"背景下江苏文旅深度融合发展路径探究[J].旅游纵览,2022(6):77-79.

[139]杨娇.旅游产业与文化创意产业融合发展的研究[D].杭州:浙江工商大学,2008.

[140]钟晟.基于文化意象的旅游产业与文化产业融合发展研究:以武当山为例[D].武汉:武汉大学,2013.

[141]邓莹璐.桂林旅游产业与文化产业融合发展研究[D].桂林:广西师范大学,2014.

[142]李慧盈.河北省旅游产业与文化产业融合模式及实现机制研究[D].北京:燕山大学,2016.

[143]许斌.文旅融合视角下的元阳哈尼梯田旅游品牌建设研究[D].昆明:云南师范大学,2017.

[144]周志鹏.城市传播视域下空间媒介与城市可沟通性建构研究[D].深圳:深圳大学,2018.

[145]苏雯.曲江文旅品牌定位研究[D].西安:西北大学,2019.

[146]赵燕飞.文旅融合背景下丽江古城旅游小企业的经营发展研究[D].昆明:云南大学,2019.

[147]赵晏萱.文旅融合背景下"南粤古驿道"品牌塑造研究[D].桂林:

广西大学,2019.

[148]陈君.文旅融合背景下徽州古城文化旅游品牌建设研究[D].大连:
东北财经大学,2020.

[149]冯斐.长江经济带文旅融合产业资源评价、利用效率及影响因素研
究[D].上海:华东师范大学,2020.

[150]杨涛.信阳市文化产业与旅游产业耦合测评研究[D].信阳:信阳师
范学院,2020.

[151]沈家虹.长三角区域一体化背景下的杭州文旅融合传播策划
案[D].杭州:浙江大学,2020.

[152]王敏.扬州市文旅融合发展中政府履职问题与对策研究[D].扬州:
扬州大学,2020.

[153]邬夏依.文旅融合背景下杭州西湖文化空间品质提升策略研
究[D].杭州:浙江工业大学,2020.

[154]李秀文.文旅融合背景下恩施土家女儿城旅游品牌传播研究[D].
恩施:湖北民族大学,2020.

[155]樊丽静.文旅融合背景下麻池古城保护与开发研究[D].包头:内蒙
古科技大学,2020.

[156]杨阳.文旅融合背景下城市区域品牌打造[D].杭州:浙江大
学,2021.

[157]刘彦平.文旅融合背景下潍坊市旅游发展对策研究[D].舟山:浙江
海洋大学,2021.

[158]杜曦瑞.滨州市文旅产业融合发展研究[D].济南:山东师范大
学,2021.

[159]王璐.短视频视域下民族地区旅游品牌的传播策略研究[D].杭州:
浙江大学,2021.

[160]刘后鑫.高邮市文旅融合发展的问题与对策研究[D].上海:华东师
范大学,2022.

[161]聂子尧.城市传播视阈下荆门市文旅融合实践探究[D].武汉:华中
科技大学,2022.

[162]郑艺.景德镇文旅融合创新发展实践的案例研究[D].南昌:江西财

经大学,2022.

[163]王婧.河南黄河文化品牌运营模式研究[D].北京:中国音乐学院,2022.

[164]彭贞.文旅融合背景下忻州古城旅游品牌建设研究[D].贵阳:贵州师范大学,2022.

[165]王莉莹.无锡政府关于文旅品牌建设的优化路径研究[D].上海:华东政法大学,2022.

[166]郑来.文旅融合趋势下旅游景区的提升发展研究[D].桂林:广西师范大学,2022.

[167]许瑞坤.红色文旅品牌仪式传播策略研究[D].济南:山东大学,2023.

[168]姜楠.文旅融合背景下淮安市旅游高质量发展对策研究[D].大连:辽宁师范大学,2023.

[169]陆锋.文旅融合,最考验的就是这"四个结合"[N].苏州日报,2016-12-14(A05).

[170]黎继德.推进文旅深度融合,开创古镇发展新境界[N].中国文化报,2018-07-10(5).

[171]邹统钎,张一帆,晨星.国外文旅融合经验值得借鉴[N].中国旅游报,2018-08-17(3).

[172]王晋军:文化旅游深度融合跨进新时代实现新作为[N].中国文化报,2018-03-22(10).

[173]杨晴.隋唐大运河文旅深度融合发展思路[N].河南日报,2020-01-10(7).

[174]姜继鼎.大力弘扬黄河文化筑牢文化旅游强省之魂[N].河南日报,2020-09-16(21).

[175]赵腾泽,魏彪,范朝慧,等.坚持以文塑旅、以旅彰文 努力推动文旅高质量发展[N].中国旅游报,2022-10-31(1).

后　记

　　1964 年加拿大传播学家麦克卢汉在《理解媒介:论人的延伸》一书中首次提出"地球村"理论。当今世界已处于全球化时代,区域发展也进入城市群时代,城市间的交融共享渐成趋势,区域文旅融合、互动成为未来文旅产业发展的必然方向。区域内部及跨区域之间城市优势文旅资源互相导入,构建优势互补、协同一致的文旅产业市场,将有力推动区域经济、文化深度交流,促进高质量联动发展。

　　2023 年安阳连续在京津冀、大湾区、长三角举办"红旗渠——殷墟"文化旅游推介和招商活动;积极融入中部崛起、京津冀协同发展国家战略,在北京、天津、郑州开通了 20 列"安阳"号地铁专列,宣传推介安阳优秀文旅品牌。2023 年 12 月 7 日至 8 日,安阳市党政代表团先后到河北省邯郸市、山西省长治市考察学习,推动安阳与两地更深层次全面对接、更高水平联动发展。2023 年 12 月 22 日,安阳市文广体旅局考察团赴长治市进行考察,双方围绕加强安阳与长治文旅区域协作,建立长期全方位合作机制进行了深入的座谈交流,就发挥各自优势,推进区域文旅融合发展达成了一系列共识,为下一步安阳长治文旅深化合作奠定了坚实的基础。

　　新时代新征程,安阳文旅在做好项目建设,高质量构建以点带面文旅品牌矩阵的同时,必须注重跨区域高质量联动发展。具体而言,要从完善文旅融合机制、优化文旅营商环境、建构多元化文旅融合实践平台等方面加强合作,以政策机制创新助推文旅融合向纵深发展;探索建立文旅产业链、供应链、服务链、信息链协同合作平台,在文旅产业协同、文旅数智化建设、文化交流、客源互送等方面进行跨区域深度合作。

余　锐

2024 年 1 月于安阳